Administ...

et

les Universités Régionales

PAR

JACQUES DELABROUSSE

DOCTEUR EN DROIT
ATTACHÉ AU MINISTÈRE DE L'INSTRUCTION PUBLIQUE

PARIS

ANCIENNE LIBRAIRIE THORIN ET FILS

ALBERT FONTEMOING, ÉDITEUR

Libraire des Écoles françaises d'Athènes et de Rome
du Collège de France, de l'École Normale Supérieure et de la Société des Études historiques

4, rue Le Goff, 4

1901

LA

DÉCENTRALISATION ADMINISTRATIVE

ET LES

UNIVERSITÉS RÉGIONALES

La

Décentralisation

Administrative

et

les Universités Régionales

PAR

JACQUES DELABROUSSE

DOCTEUR EN DROIT
ATTACHÉ AU MINISTÈRE DE L'INSTRUCTION PUBLIQUE

PARIS

ANCIENNE LIBRAIRIE THORIN ET FILS
ALBERT FONTEMOING, ÉDITEUR
Libraire des Écoles françaises d'Athènes et de Rome
du Collège de France, de l'École Normale Supérieure et de la Société des Études historiques
4, rue Le Goff, 4
—
1901

A MA MÈRE

A LA MÉMOIRE

DE

M. Albert DUMONT

DIRECTEUR DE L'ENSEIGNEMENT SUPÉRIEUR
1879 - 1884

A

M. L. LIARD

DIRECTEUR DE L'ENSEIGNEMENT SUPÉRIEUR

AVANT-PROPOS

Ce n'est pas sans un certain sentiment d'hésitation que nous publions ce travail. C'est en effet une tâche épineuse et hardie que de prétendre analyser une œuvre qui n'en est qu'à la période d'essai ; tel un critique d'art qui voudrait étudier une statue encore à l'état d'ébauche.

Notre dessein n'est d'ailleurs pas si téméraire. Nous ne nous sommes pas proposé d'étudier la question des Universités, ni d'envisager les moyens qu'il conviendrait d'employer pour arriver à la constitution et à l'organisation définitives de ces établissements. Nous n'avons pas non plus voulu faire une intrusion dans le domaine de la science historique.

Ce que nous nous sommes efforcé de faire, c'est, étant donné une institution déterminée, de préciser exactement sa nature juridique.

Pour bien comprendre les caractères de chacun des

organes qui composent l'organisme nouvellement créé, nous avons été obligé de rechercher l'origine exacte de ces organes, c'est-à-dire de faire l'historique de la question. Nous n'avions, dans cette circonstance, qu'à suivre l'ouvrage de M. Liard ; c'est ce que nous avons fait.

Nous nous sommes imposé, comme ligne de conduite, l'obligation de ne pas nous écarter du point de vue juridique que nous avions choisi : mais, en pareille matière, il est bien difficile de ne pas dévier, et nous sollicitons à cet égard l'indulgence de nos juges.

Nous insistons en outre sur ce point que, pour étayer notre thèse, nous ne nous sommes servis que de textes ou de faits connus de tous.

Si nous sommes parvenus au but de nos recherches ; si nous avons pu dégager la formule exacte d'un organe décentralisé, et si, au moyen de celle-ci, il nous a été permis de caractériser les Universités régionales, nous nous estimerons heureux.

Mais, à supposer ce résultat obtenu, il conviendrait d'en reporter l'honneur à ceux qui ont été nos maîtres et nos initiateurs.

PRÉFACE

Le 10 juillet 1896 a été promulguée une loi sur la Constitution d'Universités régionales. Les 21, 22 et 31 juillet 1897 (1), ont été rendus les Décrets qui devaient en assurer l'exécution.

---

(1) 1er Décret du 21 juillet 1897, portant règlement sur les Conseils des Universités : signé, Félix Faure : contre-signé, A. Rambaud.

2° Décret du 21 juillet 1897, relatif au régime scolaire et disciplinaire des Universités : signé, Félix Faure : contre-signé, A. Rambaud.

3° Décret du 21 juillet 1897, portant règlement d'Administration publique pour l'acceptation des dons et legs en faveur des Universités, des Facultés et Ecoles d'enseignement supérieur : signé, Félix Faure ; contre-signé, A. Rambaud.

1er Décret du 22 juillet 1897, portant règlement d'administration publique sur le régime financier et la comptabilité des Universités : signé, Félix Faure, contre-signé, A. Rambaud, G. Cochery.

2° Décret du 22 juillet 1897, portant règlement d'administration publique sur le régime financier et la comptabilité des Facultés : signé, Félix Faure, contre-signé, A. Rambaud, G. Cochery.

Décret du 31 juillet 1897, portant règlement d'administration publique sur les droits à percevoir au profit des Universités : signé, Félix Faure, contre-signé, A. Rambaud.

Loi de Finances du 30 mai 1899 (article 23).

Quelle a été la portée juridique de la réforme opérée? Comment a-t-on réglé les rapports de l'Etat et des Universités? Sommes-nous en présence d'une véritable mesure de décentralisation administrative?

Telles sont les questions que nous allons nous efforcer de résoudre.

Mais avant d'aborder cette étude il nous importe de tracer une théorie précise de la décentralisation : ce point établi, nous étudierons l'organisation des Universités nouvelles, et, pour mieux saisir l'esprit de chaque disposition, nous tiendrons compte des textes antérieurs et des travaux préparatoires. Enfin, nous considérerons le rôle attribué à l'Etat dans les organismes nouveaux, et, prenant pour base le degré d'intensité et la nature du droit d'intervention laissé à l'Administration supérieure, nous pourrons qualifier juridiquement la réforme opérée.

LA DÉCENTRALISATION ADMINISTRATIVE

ET

LES UNIVERSITÉS RÉGIONALES

PREMIÈRE PARTIE

DÉCENTRALISATION ET DÉCONCENTRATION

Modes d'administration.

On a écrit (1) « La centralisation produit l'apo-
« plexie au centre et la paralysie aux extrémités ».
Pour remédier à ces inconvénients, un pays unitaire peut recourir à deux procédés qui sont la *décentralisation* et la *déconcentration*.

La *décentralisation administrative* est, d'après les
théories généralement adoptées, une « manière
« d'être de l'Etat relative à l'Administration locale et
« à l'Administration des intérêts spéciaux, qui se ca-

---

(1) ODILON BARROT. — *De la Centralisation et de ses effets.*

« ractérise spécialement par la *participation directe*
« *du Corps électoral*, c'est-à-dire du souverain, à la
« nomination des autorités administratives locales
« ou spéciales » (1). Cette « manière d'être » a pour
caractéristique l'attribution aux collectivités, locales
ou spéciales, du droit de décider par elles-mêmes
des mesures par lesquelles leurs intérêts seront sa-
tisfaits.

La *déconcentration administrative* consiste en une
simple délégation de pouvoirs confiée à un ou plusieurs agents ou conseils représentant le Pouvoir
central.

Fonctions essentielles du Pouvoir central.

En fait d'organisation politique ou administrative,
comme en toutes choses, chaque peuple tend vers
un certain idéal qui varie suivant sa situation morale et sa situation géographique. Il y a en effet, au
point de vue de l'administration d'une cité, une manière d'être qui paraît la meilleure à la grande ma-

---

(1) HAURIOU, in BECQUET. *Répertoire de droit administratif*, fasci-
culo IX.

jorité des citoyens. Mais pour arriver à cet état idéal, la route à suivre diffère suivant que la Cité se trouve à tel ou tel degré de développement économique et social.

Si nous prenons un Etat *unitaire*, comme la France, et un Etat *fédéral*, comme les Etats-Unis de l'Amérique du Nord, et si nous leur supposons le même idéal, nous voyons que pour atteindre cet idéal, le premier sera obligé de décentraliser et le second, au contraire, de centraliser (1). Tous deux cependant tendent au même but : arriver à une plus grande liberté pour les individus, et pour l'Etat à une meilleure gestion des intérêts communs.

Il y a en effet dans tout pays, sous quelque régime constitutionnel qu'il vive, un certain nombre de *fonctions* que le Gouvernement a pour but de remplir : ce sont donc elles qu'il s'agit de déterminer si l'on veut savoir quelle part doit être faite dans la vie sociale aux organes locaux et aux organes spéciaux.

Constatons d'ailleurs que plus l'autorité centrale abandonne de prérogatives à l'initiative privée ou

---

(1) P. LEROY-BEAULIEU. — *L'administration locale en France et en Angleterre.*

De TOCQUEVILLE. — *La Démocratie en Amérique.*

locale et moins elle conserve de fonctions, plus elle a de surveillance à exercer. C'est ce que notait déjà Dupont-White en 1858, lorsque, dans un cas particulier, il écrivait : « l'usage croissant de l'association « développe le rôle de l'Etat » (1).

Il y a lieu de distinguer entre les différents intérêts de la collectivité : ils sont ou *politiques*, ou *administratifs*, et, dans chacune de ces catégories, ils peuvent, *à priori*, être ou *généraux*, ou *locaux*, ou *spéciaux*. Nous allons envisager ces différents points de vue.

De décentralisation *politique*, dans un pays unitaire, il ne peut être question. La *Nation* décentralisée politiquement cesserait d'être une nation : ce ne serait plus qu'une *Fédération*. En France il n'a jamais été fait à ce sujet de sérieuses tentatives : l'autonomie et le séparatisme politiques n'ont pas d'adhérents. Dans l'état actuel du monde civilisé le morcellement serait d'ailleurs une lourde faute dont personne, heureusement, ne cherche à assumer la responsabilité. Donc, en France, tous les intérêts *politiques* sont et restent des intérêts *généraux* et leur gestion rentre dans les *fonctions essentielles* du Gouvernement.

---

(1) DUPONT-WHITE. — *L'Individu et l'Etat.*

Quant aux intérêts *administratifs* l'application est différente ; on considère d'abord les intérêts *généraux*, pour la satisfaction desquels l'Etat, représenté par le Gouvernement, garde (sauf de rares exceptions), un rôle exclusif ; les intérêts *locaux*, pour lesquels le Gouvernement se décharge sur des *Conseils locaux*, en se réservant une fonction de *surveillance* dans le but de mettre en harmonie l'intérêt général et l'intérêt local ; enfin, les intérêts *spéciaux* qui sont le plus souvent confiés à des services pourvus de la personnalité morale et désignés sous le nom d'*établissements publics*.

En ce qui concerne ses fonctions *essentielles*, le Gouvernement ne peut s'en décharger puisqu'elles sont sa raison d'être ; il ne peut que déléguer ses attributions à l'un de ses agents, c'est-à-dire *déconcentrer*. Ce n'est qu'à l'égard des fonctions *facultatives* que l'Etat peut accepter la *décentralisation*. — Puisqu'à la rigueur il pourrait s'abstenir de toute action, il peut évidemment laisser le soin d'agir aux collectivités secondaires, régionales, ou locales.

Décentralisation.

Nous avons vu précédemment ce qu'on entendait par décentralisation. Voyons maintenant comment elle se peut effectuer, à l'égard de qui ou de quoi (1).

Elle peut porter :

a) Soit sur les agents ;

b) Soit sur les matières ;

c) Soit sur les pouvoirs.

a) Agents.

Un agent existe, nommé par le Pouvoir central : la loi décide qu'à l'avenir cet agent sera choisi par un Collège électoral déterminé (2). Il y a décentralisation.

La même réforme sera également effectuée lorsque le Gouvernement ou le Pouvoir législatif transformeront un Conseil de fonctionnaires en Conseil élu.

Qu'il s'agisse d'ailleurs d'un agent unique ou d'un

---

(1) M. Berthélémy. — *Traité élémentaire de droit administratif*, fasc. I.

(2) L'élection par un Collège électoral restreint composé de fonctionnaires est insuffisante pour que l'organe soit décentralisé. En ce sens voir Hauriou, *loc. cit.*, n° 23, au sujet du « Conseil Général des Facultés ».

Conseil, le principe vital est ici l'élection : c'est la condition *sine qua non* de liberté ; sans elle pas de décentralisation possible (1).

Ce sont des mesures de décentralisation de ce genre qui ont été prises :

Par les lois des 28 mars 1882 et 5 avril 1884 à l'égard des maires ;

Par les lois des 31 mars 1831, 5 mai 1848, 24 juillet 1867, 28 mars 1882 et 5 avril 1884 pour les Conseils municipaux ;

A citer, comme tentative, une proposition de MM. Bethmont et Magnin, en 1871, ayant pour objet de placer, dans le département, à côté du Préfet, agent du Pouvoir exécutif dans la *circonscription administrative*, un organe de la *circonscription autonome élu par le Conseil général* (2) ;

En ce sens également, pendant les débats de la loi de 1896 sur les Universités, l'amendement Wallon tendant à donner la présidence du Conseil de chaque Université, non au Recteur, mais à un Chancelier élu par le Conseil (3).

---

(1) HAURIOU. — *Loc. cit.*, n° 26.

(2) H. BERTHÉLÉMY. → *Loc. cit.*, page 83.

(3) Sénat. Débats parlementaires, 1896, page 657.

b) Matières.

Le fait par le Pouvoir central de conférer à un agent *local élu* des attributions remplies primitivement par un *agent du Gouvernement*, constitue également de la décentralisation.

Par exemple, avant 1866, le Gouvernement, représenté par le Préfet, fixait le maximum des centimes additionnels que les communes pouvaient s'imposer : la loi du 18 juillet 1866 (art. 4) a transféré cette attribution au Conseil général ;

De même la loi du 10 août 1871 a confié aux commissions départementales un certain nombre d'affaires rentrant primitivement dans les attributions du Préfet.

c) Pouvoirs.

Enfin il y a décentralisation lorsqu'on augmente les pouvoirs d'un agent ou d'un Conseil élus : par exemple, un Conseil doit donner son *avis* sur une question ; la loi décide qu'à l'avenir le Conseil prendra une *délibération* soumise à l'approbation ; il y a accroissement d'autonomie pour le Corps. Ainsi le « Conseil général des Facultés » était appelé à donner son *avis* au sujet de l'acceptation des dons et legs faits au « Corps des Facultés ». Le Décret portant règlement d'administration publique du 21 juillet

1897, pris en exécution de la loi du 10 juillet 1896, a donné aux nouveaux « Conseils des Universités » le droit de prendre à cet égard des *délibérations*.

De même la loi du 10 août 1871 a rendu défini-tives nombre de délibérations des Conseils généraux antérieurement soumises à l'autorisation.

Déconcentration.

Le second moyen que le Pouvoir central peut employer pour se décharger d'une partie de ses fonc-tions est la déconcentration.

Elle peut affecter deux formes, l'une directe et l'autre indirecte :

Directe :

Le Gouvernement délègue à un de ses agents, fonc-tionnaire, le droit de *décision* sur certains points. Ainsi les Préfets, depuis le Décret-Loi du 25 mars 1852, les Recteurs, depuis les Décrets de 1885, ont à leur nomination un certain nombre d'agents inférieurs.

Indirecte :

Un service public est pourvu par la loi de la *per-sonnalité morale* ; il devient alors un *établissement public*, général ou spécial, suivant les cas. De ce fait il peut acquérir, contracter, payer, c'est-à-dire accomplir tous les actes qui, auparavant, incombaient à l'Etat. Ce mode de déconcentration a été très usité et, jusqu'à un certain point on peut dire qu'il est un acheminement vers la décentralisation. Nous nous bornerons à citer les principaux établissements de ce genre, en faisant abstraction des établissements publics généraux, départements, communes, syndicats de communes, etc.

Ce sont :

Pour *les cultes* : les menses, les fabriques, les chapitres, les consistoires, etc. ;

Pour l'*assistance publique* : les bureaux de bienfaisance, les hospices, les hôpitaux ;

Pour la *mutualité* : les caisses d'épargne, les caisses de secours mutuels, les monts-de-piété ;

Pour l'*instruction publique* : les caisses des écoles, les Corps de Facultés, les Facultés.

————

Ceci posé, nous nous proposons de rechercher si les Universités régionales, créées par la loi du 10 juillet 1896, sont ou non des services décentralisés ou simplement des organes déconcentrés. C'est ce que nous allons voir en étudiant leur création, leur constitution et leur organisation.

DEUXIÈME PARTIE

L'ÉVOLUTION DE L'IDÉE D'UNIVERSITÉ DE 1789 A 1878 (1).

La Révolution.

Lorsque la Révolution éclata, les Universités, derniers débris de l'ancienne organisation, sortes d'Etats dans l'Etat, étaient toujours debout mais ne jetaient plus ce vif éclat dont elles avaient brillé au Moyen Age. Corporations mixtes, composées de laïcs et de membres du clergé régulier, elles avaient conservé leurs antiques coutumes, leurs privilèges particuliers, leur juridiction spéciale. Elles avaient conservé également leurs doctrines, leurs préjugés et

---

(1) Pour la partie historique. Cf. LIARD. — *L'Enseignement supérieur en France.*

Pour les textes. Cf. *Recueil des Lois et Règlements relatifs à l'enseignement supérieur* (de BEAUCHAMP et GÉNÉRÈS).

Pour la législation raisonnée. Cf. GOBRON. — *Législation de l'Enseignement.*

soumis la science à la discipline rigoureuse de la scholastique, sans se préoccuper des progrès de l'esprit humain. Aussi vers 1780 étaient-elles des organes démodés, et, quoique dans une organisation politique atteinte de vétusté elles eussent dû paraître moins vieilles, elles n'en constituaient pas moins un anachronisme. Elles ne vivaient plus, elles languissaient.

1789 les trouva en cet état. D'ailleurs, même avant la Révolution, des réformes étaient demandées : l'idée commence à se faire jour, que l'enseignement doit être *national*. « Les enfants de l'Etat doivent « être élevés par des membres de l'Etat », disait La Chalotais, et le Parlement de Grenoble, dans un mémoire adressé au roi en 1763, déclare que « les « maîtres doivent être citoyens et ne dépendre que « de l'Etat ».

Il s'agit en outre d'étendre la science : il ne suffit pas d'avoir, comme les anciennes Universités, un enseignement pour ainsi dire unique ayant pour base le droit canon. Le président Rolland constate le caractère néfaste de ce genre d'enseignement. Il faut *nationaliser* les études et établir entre les diverses Universités un *lien* qui en coordonne l'esprit. Il faut aussi reviser les programmes : ne pas les laisser suivre la routine et résister à la science.

Voltaire, dans une lettre à d'Alembert, parlant des professeurs de la Sorbonne, écrit : « Ces polissons « sont l'opprobre de la France ». Diderot accuse les facultés de théologie de ne s'occuper que de controverse religieuse et d'être des écoles d'incrédulité. Les facultés des Arts se bornent à l'enseignement des langues mortes et d'une rhétorique factice. Les facultés de Droit sont aussi misérables; on n'y cultive plus que le droit romain ! Quant aux écoles de Médecine, Vicq d'Azir en fait le plus piteux tableau.

Nous avons d'autre part, pour nous renseigner, les doléances du pays réunies dans les cahiers des Etats généraux de 1789. La note y est la même. On y réclame en outre la disparition de la vénalité, et plus de circonspection dans la délivrance des grades. Le remède proposé est encore ici l'établissement d'une éducation *nationale*, d'une éducation commune à tous les points du territoire.

La Constituante.

L'Assemblée Constituante, chargée d'établir une éducation nationale, commença par saper. L'abolition des privilèges s'appliqua aux Universités : le Décret du 22 décembre 1789 les soumit aux Directoires de départements ; quant à leurs biens ils furent momentanément respectés.

Pendant cette législature de nombreux projets furent déposés : par l'abbé Auger, dom Ferlus, l'abbé Audrein, de la Crosnière, d'un côté, Pâris (de l'Oratoire), Daunou, de l'autre. Le *Comité de Constitution* ne voulut pas prendre parti : Talleyrand, son rapporteur, rédigea un compromis dont l'idée maîtresse était la distinction de trois ordres d'enseignement, avec des écoles hiérarchisées, et au sommet un Institut national.

Malgré l'urgence de la question, et malgré l'intervention du *Comité de Salubrité*, qui insistait pour la création immédiate d'Écoles de santé, l'Assemblée, le 26 septembre 1791, vote un Décret, promulgué seulement le 14 octobre, qui proroge purement et simplement jusqu'à nouvel ordre les établissements existants.

La Législative.

L'Assemblée Législative créa un *Comité d'Instruction publique* : héritier du projet de Talleyrand, ce

Comité le discuta, en émit un nouveau présenté par Condorcet et dont voici le résumé :

A la base les Ecoles primaires et secondaires, puis les Instituts, enfin les Lycées ou Universités, sortes d'établissements encyclopédiques, vraiment scientifiques : on devait tout y enseigner ; il n'est pas question d'Ecoles spéciales. Au-dessus de l'édifice on propose d'établir une *Société nationale des Sciences et Arts*, corps à la fois scientifique et administratif : c'est l'Institut de France actuel et c'est aussi le Conseil supérieur de l'Instruction publique.

La Législative se sépara entre la première et la deuxième lecture : le projet ne fut donc pas voté. On reprochait d'ailleurs à son auteur d'avoir voulu créer une église académique.

La Convention.

Le problème revint donc entier devant la Convention : un *Comité d'Instruction publique* est nommé. Le Montagnard Romme reprend le projet de Condorcet et la discussion commence. Des interventions se produisirent : Durand-Maillane, Rabaut Saint-

Etienne, Bancal des Isnards, au nom de l'égalité (1), réclament un unique degré d'enseignement. L'Assemblée passa outre, mais à ce moment et par suite des événements, les débats furent ajournés.

Lorsqu'on put les continuer, Sieyès et Daunou s'étaient glissés dans le Comité ; le projet de Romme fut écarté et le Comité en élabora un autre sous la signature de Lakanal : il n'y a plus qu'un ordre d'enseignement qui comprend « l'instruction nécessaire à des citoyens français ».

Heureusement, ce projet ne vint même pas en discussion : la Convention décida qu'une Commission spéciale de six membres serait finalement chargée d'organiser l'enseignement national.

Il fallait cependant parer à certaines éventualités : on procéda par décisions d'espèce :

Le 18 juin 1793 la Convention transforme le Jardin du Roi en *Muséum* d'histoire naturelle, *école spéciale* de physiologie.

Le 3 vendémiaire an III elle crée l'*Ecole Centrale des Travaux publics* (Polytechnique), *école spéciale* d'ingénieurs ;

Le 29 septembre 1794 elle crée le *Conservatoire des Arts et métiers*, *école spéciale* d'industrie ;

_____

(1) V. L. LIARD. — Séance du 24 décembre.

Le 9 brumaire an III elle crée un *Cours Normal* de Paris, *école spéciale* d'enseignement ;

Le 14 frimaire an III elle crée trois *Ecoles de Santé* à Paris, Montpellier et Strasbourg ;

Le 10 germinal an III elle crée l'*Ecole des Jeunes de Langues* ;

Le 7 messidor an III elle crée le *Bureau des Longitudes.*

Aussi lorsque la question put être de nouveau étudiée, elle n'était plus entière : une idée contraire à la conception primitive de l'Enseignement était née et reposait sur des bases tangibles, savoir la *spécialisation* du haut enseignement. Cette spécialisation va peser continuellement sur les destinées de l'Enseignement Supérieur ; aujourd'hui même c'est une cause de faiblesse pour les Universités régionales.

Une loi de l'an III crée l'Enseignement primaire et l'Enseignement secondaire avec des écoles Centrales. L'Enseignement supérieur se borne aux Ecoles spéciales existantes.

Avec la loi du 9 brumaire an IV ces Ecoles triomphent. L'esprit de cette loi peut se résumer ainsi : spécialisation et centralisation. Les idées larges de la Constituante et de la Législative sont complètement abandonnées.

On maintient les Ecoles primaires et les Ecoles centrales : celles-ci en les réduisant. Pour l'Enseignement supérieur on distingue les *Ecoles spéciales* et les *Ecoles de service public*.

Les Ecoles de service public sont l'Ecole Polytechnique, les Ecoles d'artillerie, l'Ecole des Ingénieurs militaires, celle des Ponts et-Chaussées, celle des Mines, l'Ecole des Ingénieurs de vaisseau, l'Ecole de Navigation et l'Ecole de la Marine.

Quant aux Ecoles spéciales, la loi maintient celles existantes, et en crée d'autres en principe : ce sont des établissements scientifiques, mais on en bannit les belles-lettres, la poésie, la physique et la chimie.

Bien au-dessus de ces établissements s'élève l'*Institut National*, corps purement scientifique.

Le Directoire.

Il s'agissait d'organiser les Ecoles spéciales créées par la loi : il n'en existait qu'un petit nombre, celles établies par la Convention. Le Directoire étudie plusieurs projets : il semble vouloir revenir au plan de Condorcet, mais on n'a à enregistrer que des tentatives qui n'aboutirent pas.

Le Consulat et l'Empire.

Le Consulat avait donc beaucoup à faire ; il tailla, émonda, et, finalement, supprima les Ecoles, centrales et multiplia les Ecoles spéciales. Ce fut la loi du 11 floréal an X.

Cette loi confirme l'existence de trois ordres d'Enseignement : primaire, avec les Ecoles primaires ; secondaire, avec des Ecoles secondaires et des lycées ; supérieur, avec les Ecoles spéciales.

L'Ecole spéciale vise surtout la satisfaction des besoins sociaux ; on crée donc des Ecoles de Droit et des Ecoles de Médecine. Pour les lettres et les sciences, le Collège de France, toujours vivace et seul vivant, devait suffire.

Pendant la période consulaire une nombreuse réglementation cherche à donner la vie aux nouvelles écoles : on rétablit les grades et on en fait des grades d'Etat ; on supprime la liberté des professions de médecin, d'avocat, de pharmacien ; on réglemente rigoureusement la scolarité.

Des Ecoles de Médecine sont créées à Mayence (non établie), à Turin et à Gênes. On organise neuf Ecoles de médecine pratique pour les officiers de santé. Des Ecoles de pharmacie sont installées à Paris, Montpellier, Strasbourg, Turin et Gênes.

Quant aux Ecoles de Droit, le Décret du 4e complémentaire an XII en fixe le nombre à 12 et les établit à Paris, Dijon, Turin, Grenoble, Aix, Toulouse, Poitiers, Rennes, Caen, Bruxelles, Coblentz et Strasbourg.

Somme toute, on était arrivé à un résultat diamétralement opposé au but que voulaient atteindre les ouvriers de la première heure, mais enfin on était parvenu à organiser quelque chose qui devait vivre et prospérer. Peut-être sans la conception spéciale que le Premier Consul se fit de l'Enseignement, une fois qu'il fut sur le trône, peut-être sans cette grandiose conception de l'*Université de France* que nous allons voir créer, tous ces établissements ne seraient pas venus jusqu'à nous.

Ce qu'il faut constater, c'est l'analogie qui existe entre la situation de l'Enseignement supérieur au moment de la Réforme de 1806 et sa situation en 1896.

A ces deux époques nous voyons un travail préparé

de longue main : des établissements créés, perfectionnés, modifiés, et enfin réunis en vertu d'une conception administrative d'une réelle grandeur.

En 1808, la création de l'Université Impériale répondait aux besoins de l'époque : il s'agissait d'*affirmer l'étatisation d'un service jusqu'alors abandonné à l'initiative privée* : il fallait en outre grouper toutes les volontés, toutes les pensées, autour d'un idéal commun, la Patrie, personnifiée par l'empereur ; il fallait, surtout sur le terrain de l'enseignement, lutter contre ce pouvoir de la Papauté, favorable aux Rois.

En 1896, l'Enseignement a déjà cessé d'être un monopole ; il est fonction de l'Etat, mais d'une manière facultative et plus lâche ; en outre, il se produit un travail dont le résultat doit être l'abandon, par le Pouvoir central, de différentes fonctions. Ce travail a indirectement influé sur l'organisation universitaire. L'Etat tend à substituer à son action celle d'un groupe. La création des Universités régionales tend, après la *synthèse* napoléonienne à faire, en quelque sorte, l'*analyse* des forces vives de la nation, tout en laissant subsister le *pouvoir* bienfaisant de l'Etat.

Dès 1804, Fourcroy, directeur général de l'instruction publique, proposait à Napoléon de créer une

Corporation universitaire dépendant d'un Ministre, c'est-à-dire de l'Empereur. La proposition fut agréée, et Fourcroy présentait, entre autres, en 1806, au Conseil d'Etat un projet que nous retiendrons comme se rattachant à notre sujet :

Le directeur général voulait créer un tout, une Grande Université impériale, mais ayant sept divisions, sept Universités à Paris, Bruxelles, Rennes, Dijon, Toulouse, Montpellier, Turin ; ces Universités auraient été de véritables corps scientifiques *affiliés* à l'Université impériale. Les Ecoles spéciales devaient prendre le nom de *Facultés*, et on aurait établi des Facultés des Arts (lettres) près du lycée Central de chaque Université. La maîtrise ès arts devait être exigée pour toutes les autres études.

Le Conseil d'Etat n'ayant pu s'entendre sur la question, Napoléon voulut au moins poser le principe. Il fit voter la loi du *10 mai 1806*, en trois articles, qui crée l'Université Impériale, impose aux membres du Corps enseignant des obligations spéciales, et ordonne que l'organisation universitaire sera établie par des lois présentées au Corps législatif en 1810.

Malgré cette injonction de la loi de 1806, la réforme projetée devait être opérée par Décret. On pense qu'il faut s'en féliciter, d'abord au point de vue de la rapidité, ensuite au point de vue de l'unité. Remarquons que les grandes réformes, dans aucun pays du monde, ne sont menées rapidement à bien par des Assemblées. Le Gouvernement, ou plus exactement l'Administration, agit plus vite et plus sûrement. Nous retrouverons une application de cette idée à propos de la création de nos Universités régionales actuelles.

Bref, le *17 mars 1808* parut le Décret.

L'Université impériale est une *personne morale* ayant pour chef le Grand-Maître, nommé et révocable par l'Empereur ; à côté du chef siège un *Conseil de l'Université* nommé à temps par l'exécutif. Le Grand-Maître gère les biens, este en justice, administre, délivre les diplômes. Le Conseil émet des avis sur les budgets, les programmes, les règlements d'études ; il a juridiction sur les membres du Corps.

L'Université est divisée en Académies, circonscriptions administratives, établies au chef-lieu de chaque Cour d'appel, comprenant tous les établissements publics et privés d'Enseignement.

Quant aux établissements d'Enseignement supérieur ils se composent de Facultés de Théologie, protestante et catholique, de Droit, de Médecine, des

Sciences, des Lettres. La règle générale est que les Facultés sont au chef-lieu académique.

Quel est le rôle des Facultés ? C'est de préparer à des professions. Professeurs, médecins ou avocats tenaient leur maîtrise de l'Etat et l'obtenaient au moyen du diplôme. Il fallait donc créer autant de Facultés qu'il était nécessaire pour subvenir aux besoins sociaux, et rien de plus. Il ne serait pas juste de dire que la science était absolument sacrifiée ; non ; seulement on la laissait concentrée au Muséum et au Collège de France.

En vertu de ce principe on établit 2 facultés de théologie protestante, 10 de théologie catholique, 5 de médecine, 12 de droit.

Quant aux Facultés des Sciences et des Lettres on en crée 27 de chacune d'elles, une par Académie. Et c'est ici que se dévoile le but de l'Enseignement impérial. Les Facultés dont il s'agit ne sont pas des établissements professionnels proprement dits : le nombre devrait en être minime. Alors pourquoi cette profusion ? C'est que leur rôle principal est d'être des *jurys*, de délivrer les baccalauréats ; aussi en faut-il une par Collège central, une par Académie.

Tel est, à grands traits, le système qui, sauf de légères modifications, a subsisté jusqu'à nos jours :

le principe de l'Enseignement, *fonction étatique*, émis par la Convention, a non seulement triomphé, mais a encore reçu de l'extension : l'Enseignement est devenu *Monopole* de l'Etat. L'Eglise en est exclue en tant que corporation, mais ses membres pourront individuellement en faire partie.

Aussi allons-nous assister sur ce terrain au spectacle d'une lutte entre le Clergé et l'Etat. D'abord, le Clergé ne combattra pas le Monopole mais essaiera de l'escamoter à son profit ; puis, ne pouvant arriver à ses fins, il réclamera successivement la liberté de l'Enseignement primaire, de l'Enseignement secondaire, de l'Enseignement supérieur : il luttera contre l'Etat, s'introduira dans ses établissements ou lui fera concurrence. A partir de 1883, cantonné par la loi dans ses retranchements, il se servira encore de la politique comme arme de combat, et tentera d'arracher à la Puissance publique, au moins en partie, la collation des grades (1) ; rebuté de ce côté, il cherche ensuite à gagner la partie en demandant l'assimilation de ses groupes de Facultés aux Universités régionales (2).

---

(1) Chambre. Débats parlementaires, 1896, page 395.
(2) Sénat. Amendement Buffet. — Voir plus loin page 76.

La Restauration.

La Restauration se proposait de détruire l'œuvre impériale. L'Université s'offrait la première à ses coups ; l'Arrêt ne se fit pas attendre, mais fut mitigé quant à la forme. L'Ordonnance du 17 février 1815 supprime l'Université impériale et la remplace par 17 Universités régionales, ayant à leur tête un Recteur, un Conseil composé du Recteur, de l'Evêque, du Préfet, des Doyens, du Proviseur du Collège royal et de trois notables. Le Grand-Maître subsiste avec un Conseil royal, mais il n'a plus comme attributions que la nomination des Recteurs et la surveillance en vue de l'unité de l'Enseignement. Le reste de ses pouvoirs passe aux Recteurs et aux Conseils des Universités régionales.

Cette réforme n'était qu'un morcellement de l'Université impériale. Il n'y avait pas, comme on a pu le croire, décentralisation, mais seulement déconcentration. Elle eût pu avoir de bons résultats, mais on est réduit là-dessus à faire des conjectures ; en effet, les Cent Jours survinrent, l'ordonnance ne fut pas appliquée et ne devait pas revoir le jour.

Napoléon rétablit l'Université de 1806 et, après les Cent Jours, une ordonnance du 15 août 1815 la maintint provisoirement. Mais on supprima le Grand-Maître, le Chancelier, le Trésorier et le Conseil ; on les remplaça par une Commission de l'Instruction Publique composée de cinq membres et ressortissant au Ministère de l'Intérieur.

Ce système était vicieux, car il mettait dans les mêmes mains l'initiative, la délibération, l'exécution et la juridiction. On lui doit cependant d'avoir sauvé l'Université : Royer-Collard et Cuvier en montrèrent la vitalité.

Les assauts se multiplient contre l'Université : Lamennais, Châteaubriaud, Benjamin Constant s'élèvent contre le *monopole* universitaire au nom de la liberté.

Malgré cela et malgré la retraite de Royer-Collard la situation va s'améliorer.

L'Ordonnance du 1er novembre 1820 transforme la *Commission* en *Conseil royal*. Une ordonnance de 1821 élargit les pouvoirs du Président du Conseil. En 1822, l'Université est *rétablie* avec son Grand-Maître dans les pouvoirs que lui conférait le statut de 1808. Enfin, l'Ordonnance du 26 août 1824 va plus loin que l'Empereur lui-même, et réalisant à distance un vœu émis par Fourcroy en 1804, elle transforme le Grand-Maître en *Ministre* de l'Instruction Publique.

En 1815, on reprochait à l'Université centralisée de 1806 d'avoir été pour l'Empereur un instrument de règne. En 1824 la Monarchie de droit divin la restaurait à son profit dans un but analogue.

Il fallait pourtant la modifier : la Monarchie tend la main à la Religion qui l'a aidée ; il s'agit de remplacer les laïcs par des clercs, ou tout au moins de *clériciser* les laïcs. L'acte de 1821 avait déjà placé l'Université sous la surveillance des Evêques : en 1824, au nouveau Ministère de l'Instruction publique le roi appelle un prêtre, M. de Frayssinous. Sans entrer dans le détail des événements qui suivirent, révocations de fonctionnaires et suspensions de cours, bornons-nous à constater les résultats : le haut enseignement fut détruit, plus de philosophie, plus d'idées, des faits bruts, de la science officielle. Au point de vue légal, centralisation.

M. de Vatimesnil qui succéde à M. de Frayssinous (Ministère Martignac) s'appuie sur des principes de liberté et d'autorité paternelle. Il cherche à résister au Clergé. Une ordonnance réglemente les petits séminaires qui ont fait une intrusion dans le domaine réservé aux lycées. On expulse les jésuites. Enfin l'ordonnance du 26 mars 1829 renforce les pouvoirs du Ministre.

La Révolution de 1830 empêcha M. de Villèle, successeur de M. de Vatimesnil, d'accomplir quelques réformes qu'il se proposait.

Le Gouvernement de juillet.

A part le rétablissement de l'Ecole Normale supérieure, il n'y a pas de fait à signaler pendant cette période. Mais des tendances théoriques se manifestent en ce qui concerne l'Enseignement supérieur.

On distingue deux courants d'opinions : Guizot, Dubois, député de la Loire-Inférieure, et Cousin sont partisans de la création d'Universités régionales, réunions de facultés. Guizot rêve de « grands foyers « d'étude et de vie intellectuelle ». Dubois se plaint de l'accaparement opéré par Paris. Cousin pense « qu'il est possible d'établir dans un certain nombre « de villes des foyers de lumière » ; il allait même passer de la théorie aux actes en faisant une expérience à Rennes quand il en fut empêché par les événements politiques. Une idée commune à ces trois personnages, et sur laquelle nous aurons à revenir, est que *le nombre des Universités doit être restreint :* « *il n'y a pas en France,* écrit Guizot, « *dix-sept points* où l'on puisse réunir, *avec quelque* « *chance de succès,* toutes les parties de l'instruction « supérieure. »

Un deuxième ordre d'idées est représenté par Villemain et de Salvandy ; l'unité de l'Université doit persister. Le Clergé a commencé sa campagne en faveur de la liberté de l'Enseignement. L'Etat résiste en affirmant de nouveau son droit de collationner les grades : et, pour ne laisser subsister aucun objet de doute, il supprime les Commissions mixtes de baccalauréat, créées dans certains centres, et les remplace par des Facultés des Lettres et des Sciences.

La République de 1848 et le second Empire.

Le Gouvernement provisoire ne se signala que par la création éphémère de l'Ecole d'Administration. Quant à la Constitution de 1848, en décrétant la liberté absolue de l'Enseignement à tous les degrés,.

elle avait fortement compromis l'existence de l'Université.

Il s'agissait de sauver celle-ci tout en tenant compte des desiderata du Clergé. Ce fut le but du projet présenté par M. Falloux et qui devint la loi du *15 mars 1850*. L'Université est supprimée en tant que corporation : sa dotation est rayée du Grand Livre et ses biens incorporés au domaine : elle devient *Service Public* ; on crée autant d'Académies que de départements. En ce qui concerne l'Enseignement supérieur on n'y touche pas pour le moment, mais dès le *9 mars 1852*, un Décret impérial attribue à l'Empereur un droit absolu de nomination et de révocation sur les membres de l'Enseignement à tous les degrés. Le régime de 1808 est aggravé.

Cependant, l'Empereur et son nouveau ministre, M. Fortoul, paraissent vouloir réagir contre l'intrusion trop accentuée du Clergé : on n'ose rapporter la loi Falloux, mais il fallait l'annihiler partiellement. Ce fut l'objet de la loi du *14 juin 1854* et des Décrets du *22 août* de la même année, textes bien établis et dont beaucoup d'articles sont encore en vigueur.

Les désirs du Gouvernement sont nettement ex-

primés dans l'exposé des motifs de M. Fortoul.
Après avoir dit que la nouvelle loi ne prétend pas
toucher aux droits consacrés par le texte de 1850, il
déclare qu'il y a lieu de modifier l'organisation académique et d'y apporter les améliorations rendues
nécessaires par l'expérience.

Le rapporteur de la Commission parlementaire
chargée d'examiner le texte du Gouvernement,
M. Langlais, est encore plus explicite. Il reconnaît
formellement que le but de la nouvelle loi est
double :

1° Fortifier l'Enseignement de l'Etat ;

2° (Et cette phrase est à noter, car elle sera repro-
duite dans tous les rapports ultérieurs, soit pour le
projet de 1892, soit pour la loi de 1896) : « Sous le
« nom d'Académie, reconstituer les anciennes Uni-
« versités qui, reliées entre elles, *pénétrées de l'es-*
« *prit de l'Etat*, seront autant de foyers de sciences et
« d'études pour la jeunessse de nos départements ».

La loi de 1854 avait laissé au Gouvernement le
soin de régler certaines questions d'application ;
aussi ne l'étudierons-nous pas seule, mais avec ses
deux Décrets d'exécution, un Décret d'organisation
administrative et un Décret financier, tous deux
datés de Pau, 22 août 1854.

L'organisation bâtarde et soi-disant décentralisatrice de 1850 est supprimée. Il avait été créé à ce moment une Académie par département : on décide qu'il n'y en aura plus que seize qui auront leur siège là où il y a des Facultés (1). Dans chaque Académie se trouveront nécessairement une Faculté des Lettres et une Faculté des Sciences ; d'où création de cinq Facultés des sciences à Marseille (Académie d'Aix), Clermont, Lille (Académie de Douai), Nancy et Poitiers, et de trois Facultés des Lettres à Clermont, Douai et Nancy.

Le Chef de l'Académie est le Recteur qui a la haute main sur l'Enseignement secondaire et l'Enseignement supérieur, ainsi que sur les méthodes de l'Enseignement primaire. Quant au personnel de cet ordre, il lui échappe ; la loi de 1854 le met en effet sous la tutelle des Préfets.

A côté du Recteur siège le Conseil Académique, reproduction à peu près exacte du Conseil impérial. Dans chaque département se trouve un *Conseil départemental* avec des attributions contentieuses et disciplinaires.

---

(1) Les seize Académies sont établies à Aix, Besançon, Bordeaux, Caen, Clermont, Dijon, Douai, Grenoble, Lyon, Montpellier, Nancy, Paris, Poitiers, Rennes, Strasbourg et Toulouse.

A signaler une disposition du Décret administratif de 1854 dans laquelle se trouvent contenus en germe les futurs *Conseils généraux des Facultés* devenus les *Conseils des Universités ;* article 18, alinéa 4 : « Il (le Recteur) convoque les Facultés, *soit « ensemble*, soit séparément, pour délibérer sur les « programmes particuliers de chaque Cours et les « coordonner entre eux ».

En ce qui concerne le haut enseignement on pouvait espérer quelque chose de cette réforme ; les seize académies moins nombreuses et plus fortes que celles de 1808 et 1850 étaient reliées entre elles par le Ministre de l'Instruction publique à côté duquel siégeait le Conseil Impérial. Mais le Gouvernement avait un désir, désir bien légitime et que le législateur de 1896 a aussi caressé, celui de faire des améliorations sans qu'il en coûtât rien à l'Etat. On crut avoir trouvé la solution ; on revisa les tarifs de droits et on stipula la création d'une *Caisse des Etablissements d'Enseignement supérieur.* C'était le retour au régime de 1806, mais uniquement au profit de l'Enseignement supérieur. Le système des *Caisses* qui est fortement combattu de nos jours (quoique sans cesse renouvelé) consiste à transformer une partie du budget de l'Etat en budget annexe : il a l'avantage de permettre les reports d'un exercice sur l'autre. Les frais de l'Enseignement supérieur seraient couverts par ses recettes et, en plus, au budget de l'Etat, figureraient des subventions. M. Fortoul s'imaginait de bonne foi que, non seulement les Facultés se suffiraient, mais encore qu'elles pourraient faire des reports et amasser des capitaux qui permettraient, à un moment donné, de supprimer les subventions (voir rapport Langlais).

Insistons sur ce point : car nous verrons le système des budgets annexes adopté d'abord pour les Facultés, puis pour les Corps de Facultés ; nous verrons aussi des budgets particuliers avec fonds autonomes créés pour les Universités.

Nous ne voulons pas préjuger la question, nous constaterons seulement que les Etablissements d'Enseignement supérieur de 1854 ne purent pas vivre et que la loi de finances du *28 juin 1861* (art. 16) supprima leur budget spécial, à dater du 1er janvier 1662.

Mais, il faut le dire, la loi de 1854 était un projet sérieux, et si elle ne justifia pas toutes les espérances de ses auteurs, ce fut dû à la fois au manque de fonds, à l'opposition de l'Eglise et aussi au peu de bonne volonté du personnel enseignant (1).

_____

(1) *Statistique de l'enseignement supérieur*. Imprimerie Impériale 1869.

Il fallait réagir contre notre inertie scientifique et notre routine administrative, il fallait donner de la vie et de l'essor à l'Enseignement supérieur. M. Duruy arriva au Ministère pénétré de ces idées : c'est lui qui inaugura le système des Enquêtes qui se continue encore actuellement : sans médire de cette méthode on peut remarquer qu'il est rare que de ces enquêtes jaillisse un lumière *nouvelle ;* toutes les idées *neuves* de chaque Corps sont en effet plus utilement, plus directement et avec moins de frais transmises au Conseil supérieur de l'Instruction publique par les professeurs qui y sont délégués : quoiqu'il en soit, l'enquête de 1865 n'apprit à M. Duruy qu'une chose, ce que tout le monde savait, savoir qu'il n'y avait que peu d'argent, très peu de laboratoires et encore moins d'élèves.

Aussi dans son rapport à l'Empereur publié en 1869, le Ministre ne s'occupe nullement de réviser la forme de l'Institution : il se borne à demander des améliorations et à proposer des innovations. Mais où ? Est-ce dans les Facultés ? Non, car à part la création des *bourses d'Enseignement supérieur* destinées à donner des étudiants aux Facultés des Sciences et des Lettres, il n'y a rien dans ce rapport. Mais c'est à côté que le Ministre, rebuté probablement par l'atti-

tude de certaines Facultés, va chercher des auxi-
liaires : il fonde l'Ec..le pratique des Hautes Etudes
avec 4 sections, projette la création d'une Ecole
d'horticulture à Vincennes, demande une chaire de
physiologie, installe l'Observatoire de physique et de
météorologie à Montsouris, réorganise l'Ecole des
Langues, demande l'établissement de Cours des
Sciences économiques.

Nous sommes loin des Universités régionales : le
système des écoles spéciales est revenu.

Dire que M. Duruy n'avait pas des vues plus larges
que ses actes serait exagéré : on le vit bien sur la
question de la liberté de l'Enseignement supérieur ;
une Commission spéciale se réunit en 1870 : ce fut elle
qui émit le projet de loi qui devint la loi du 12 juillet
1875. Cette loi ne nous intéresse que dans une de ses
dispositions relative aux Universités libres, nous la
retrouverons plus loin.

La troisième République.

Le désarroi jeté dans le pays par la défaite de 1870
fut immense : on trouve partout des causes à nos
malheurs et on s'en prend même à l'absence d'Uni-

versités. L'instituteur allemand avait fait Sadowa, l'Université allemande avait fait Sedan. Quelle était l'avant-garde intellectuelle de la France en 1870 ? Strasbourg, Strasbourg mal outillée, mal dotée, n'ayant même pas le prestige d'un nom ! et en face d'elle l'Université de Bonn, prospère et florissante (1). Et l'auteur illustre du fascicule que nous citons jette un premier cri d'alarme à propos du Centre Académique de Nancy. Prenez garde, dit-il en substance, une Université Allemande s'est élevée à Strasbourg, l'avant-garde allemande est autrement armée pour la lutte que la nouvelle avant-garde française de Nancy !

Dans l'Enseignement supérieur une réforme s'imposait. Allait-on revenir au régime de 1808 ? Allait-on rétablir des Universités régionales ?

A la Commission de 1870 on avait signalé la multiplicité et la dispersion des Etablissements. M. Boissier y proposa la suppression de quelques Facultés *qui n'étaient pas viables.* — Dans une circulaire du 10 novembre 1872, Jules Simon constate qu'il serait sage d'avoir un certain nombre de « capitales in-

---

(1) LAVISSE. — *Note sur l'Université allemande de Strasbourg.*

tellectuelles où se trouveraient réunies toutes les réformes nécessaires ».

En un mot, on revient aux idées de Rolland.

Depuis 1872 le mouvement ne fait que s'étendre dans les sphères gouvernementales : l'idée est propagée dans le monde de l'Enseignement par la création d'une *Société pour l'étude des questions d'Enseignement supérieur.*

La *question des Universités* est posée ; mais non dans toute son ampleur : ce n'est que vers 1880 que le but s'élargira. Les Universités que l'on nous propose sont des services décentralisés au point de vue scientifique, mais centralisés au point de vue administratif. « C'est une pure fiction que d'imaginer une « administration supérieure entourée dans la capi- « tale des plus larges ressources intellectuelles et dé- « crétant l'intensité de vie que la science ou l'étude « auront sur chaque point du territoire (1). » L'État est toujours le Grand-Maître, l'Université est toujours rattachée à l'État au point de vue financier. — Plus tard les aspirations vont grandir, l'autonomie sera demandée, peut-être même ira-t-on jusqu'au séparatisme.

_____

(1) ALBERT DUMONT. — *Notes et discours.*

La vérité c'est que le mouvement nouveau a pour but de créer des Universités en se servant seulement des Facultés. Or, jusqu'alors celles-ci n'ont été que des écoles préparant à des brevets professionnels ; le Haut-Enseignement était le privilège de quelques Ecoles spéciales. Il fallait modifier cet état de choses, et cela sans froisser les situations acquises et sans porter atteinte au droit de l'Etat de conférer les grades.

Les idées nouvelles ne furent pas purement spéculatives de 1872 à 1878. Nous allons en voir les principales expressions.

Projet Paul Bert.

Le 2 décembre 1873, M. Paul Bert présentait à l'Assemblée Nationale un projet de loi portant constitution d'*Universités provinciales* : ce projet déconcentrait au profit du Recteur qui devenait le maître unique de l'Université. Le Gouvernement ne se réservait que la nomination du Recteur et des Professeurs ; il s'engageait en outre à subventionner les institutions nouvelles.

Le Recteur avait droit de nomination et de révocation sur tous les autres fonctionnaires et agents de l'Université : il avait juridiction discrétionnaire sur les professeurs; en cas de suspension seulement ceux-ci pouvaient former appel devant le Conseil Supérieur ; il avait aussi juridiction absolue sur les étudiants.

A côté du Recteur siégeait un *Conseil de surveillance et de perfectionnement* n'ayant que des attributions purement consultatives.

Rien de plus autoritaire que cette organisation, mais, il est vrai, rien de plus solide comme conception administrative ; si le Recteur a un pouvoir presque absolu, le droit de nomination du Ministre est mitigé par ce fait qu'il doit choisir les professeurs sur une double liste de deux noms dressée, d'une part par la Faculté intéressée, d'autre part par les autres Facultés et les corps savants.

L'Etat, nommant les professeurs, doit les payer ; quant aux recettes, il ne saurait prétendre à rien. Du reste, lisez l'*actif* du Budget de l'Université indiqué à l'article 30 du projet :

Le Budget se compose en recettes :

1º Des revenus des biens de l'Université (*ce qui suppose pour celle-ci la personnalité civile ; c'est une rénovation*);

2° Des allocations de l'Etat soit ordinaires soit extraordinaires. (*destinées aux traitements du personnel et à l'entretien du matériel*) ;

3° Des subventions des villes et des départements ;

4° Du montant des inscriptions et des droits d'examens (*c'est-à-dire toutes les recettes de cette époque*) ;

5° Des bourses et prix qui pourraient être constitués par l'Etat, des villes ou des particuliers.

Enfin, rompant avec les principes posés par les lois de l'an XII et de 1854 et le Décret financier du 22 août de la même année, le projet, faisant une distinction entre les frais d'études et ceux d'examens, décide que les premiers seront fixés chaque année par le professeur chargé du cours, et que les seconds le seront par décision du Conseil supérieur.

L'auteur s'était inspiré à la fois des Universités anglaises et des Universités allemandes. Comme organisation administrative l'idée était ferme, nette : le maintien de l'unité de l'Enseignement national était affirmé, au moins en théorie.

Financièrement parlant, le projet était boiteux : dans les études rien n'est aussi préjudiciable que l'incertitude des tarifs ; cela est vrai aussi en matière d'impôts ; en outre, les droits d'examen étaient de véritables impôts spéciaux et on ne pouvait reconnaître à d'autres qu'à l'Etat le soin de les fixer ; il est vrai que l'on distinguait les droits d'études qui sont des rétributions perçues en vue d'un service rendu, et les droits d'examen, les anciens droits de sceau de 1808, qui sont des frais de chancellerie, droit recognitif du Pouvoir qui délivre les grades. Mais parmi les droits d'études il y en a (le droit d'immatriculation par exemple) qui sont également afférents à un acte où la puissance publique est engagée ; être étudiant c'est avoir un Statut spécial, jouir de certaines prérogatives et être tenu de certaines obligations. Ce droit ne peut varier sur l'étendue du territoire ; seule la loi peut l'établir, le Conseil supérieur ne saurait avoir un droit de décision.

Une autre pierre d'achoppement était la personnalité civile donnée aux Universités. Nous avons vu que la personnalité civile attribuée à l'Université de France par les textes de 1806 et 1808, supprimée par l'Ordonnance du 17 février 1815, rétablie par ordonnance du 15 août de la même année, fut définitivement rayée le 15 mars 1850. L'Etat héritait de l'Université : les biens de celle-ci tombaient dans le *Domaine*. Il est vrai qu'en 1854 la caisse spéciale des établissements d'enseignement supérieur était créée : on pouvait croire que la personnalité civile

de l'Université ressuscitait ; mais dès 1861, cette disposition était rapportée. En réalité, on n'avait pas
parlé des Facultés ; néanmoins, il fallait rétablir de
toutes pièces un système tombé en désuétude et
donner aux nouveaux corps un patrimoine propre.
Autant de difficultés d'application.

La loi de 1875.

L'Assemblée Nationale ne put s'entendre sur le
projet Paul Bert ; il fallait pourtant liquider la question de la liberté de l'Enseignement supérieur pendant
devant les Chambres depuis 1868 : là il n'y avait pas
moyen de tergiverser, l'Eglise voulait une solution ;
elle pensait avoir droit à quelques compensations
pour la facilité avec laquelle elle avait reconnu le
Gouvernement de la République ; l'Enseignement
supérieur lui fournit un terrain de lutte, et ce que la
Papauté n'avait pu obtenir de la Monarchie, elle
réussit en partie à l'obtenir de la 3e République
(pour peu de temps il est vrai). La loi Falloux avait
été un compromis, la loi du 12 juillet 1875 en fut un
autre ; et autrement dangereux, car il accordait aux
Facultés libres (lisez : catholiques) un privilège refusé

aux établissements de l'Etat, et il touchait en outre au droit absolu de l'Etat de conférer les grades.

Le privilège : la loi de 1875 décide que lorsqu'il sera établi dans la même ville au moins 4 facultés libres (Droit, Sciences, Lettres, Médecine) l'ensemble de ces Facultés pourra être autorisé à prendre le titre d'*Université libre*. Ces établissements seront soumis à la déclaration d'utilité publique. Ceci, c'était la reconstitution des anciennes Universités au profit des catholiques, car il était évident qu'en France il n'y avait, à cette époque, que ce parti assez riche pour créer dans une même ville le nombre de Facultés exigé par la loi.

Quant à la collation des grades, tout en reconnaissant que celle-ci appartenait à l'Etat, on décida qu'en ce qui concerne les étudiants des Facultés libres, elle serait obtenue après examen subi devant un jury mixte composé de professeurs de l'Etat et de professeurs de la Faculté libre.

L'Assemblée Nationale vota néanmoins cette loi : elle eut cependant un léger remords qui se traduisit par l'article 24 : « Dans le délai d'un an le Gouverne- « ment présentera un projet de loi ayant pour objet « d'introduire dans l'Enseignement supérieur de « l'Etat les améliorations reconnues nécessaires ».

C'était peu ; d'autant que l'exécution devait tarder.

Disons tout de suite, pour en finir avec cette question, que malgré les essais du parti catholique, malgré l'ostentation des créations premières, malgré les Chartes papales *instituant* les Universités catholiques (ce qui était d'ailleurs contraire au concordat), ces Universités, même celle d'Angers, même celle de Paris, ne réussirent pas. D'ailleurs, ce que la loi de 1854 avait fait pour la loi Falloux, une loi de 1880 le fit pour celle de 1875 ; le titre d'Université libre et les jurys mixtes furent supprimés.

Le seul mérite du texte voté en 1875 fut d'avoir posé devant les Chambres, c'est-à-dire devant le pays, la question des Universités régionales.

Projet Waddington.

C'est en s'appuyant sur l'article 24 que M. Waddington, alors Ministre de l'Instruction Publique, put préparer un projet, non seulement de création d'Universités régionales, mais encore de réorganisation de l'Enseignement supérieur. Ce projet, que les événements ont empêché de soumettre aux Chambres et qui fut abandonné après le 16 mai, est un des mieux conçus et des plus respectueux de notre droit public. Il est bien construit et au point de vue juridique et au point de vue administratif : il donne la liberté à la science sans attenter aux droits de l'Etat.

L'auteur a soin, dès les prémices, d'éviter toute confusion : pour bien marquer les rapports communs entre les nouveaux organes de l'Etat, et prévenir jusqu'à l'apparence d'un démembrement, il les appelle *Universités Nationales*, s'assimilant, comme l'avait d'ailleurs fait Paul Bert, les idées de la période révolutionnaire, que nous retrouverons dans le projet de 1890, il réduit à *sept* au maximum le nombre des centres à créer.

Il pose ensuite nettement (Article 3 du projet) le principe de la personnalité civile tant au profit des Universités qu'au profit de chaque Faculté ou Ecole.

Puis, avec ces éléments, il va créer des organes à la fois libres et dépendants de l'autorité supérieure : il va créer, ou plutôt importer, car les Universités nationales sont (sauf quelques points de détail) calquées sur les Universités allemandes (1).

---

(1) Die deutschen Universitäten... von W. Lexis, Ordentlichen Professor der Staatswissenchaften in Göttingen. Berlin, 1893.

Tout d'abord il est bien entendu que les administrateurs universitaires sont sous l'autorité du Ministre. Ces administrateurs, au nombre de deux, sont le *Chancelier* (c'est le Rector allemand, ancien Recteur français (1) qui nous est revenu avec ce nom de Chancelier) et le Curateur (Curator ou Kantzler).

Le Curateur, nommé par décret en Conseil des Ministres, est chargé de l'exécution des lois et règlements, il siège au Conseil de l'Université avec voix délibérative, il a sous ses ordres immédiats les Trésoriers de l'Université, les Bibliothécaires, les Contrôleurs du matériel, qui sont nommés par le Ministre. Il nomme directement aux emplois subalternes qui ne se rapportent pas à l'Enseignement.

A ses côtés, un *Bureau d'Administration*, composé du Préfet, du Maire, du Procureur Général, du Trésorier du département et du Directeur des domaines.

Le Chancelier, véritable chef de l'Enseignement, est nommé par simple Décret, mais sur une double liste de deux candidats, l'une dressée par le *Conseil de l'Université*, l'autre par le *Conseil Central* (2). Il

---

(1) LAVISSE. — *La fondation de l'Université de Berlin.*

(2) Le Conseil central organisé par le projet aurait été placé auprès du Ministre pour préparer les projets de règlement, juger les plaintes, pro-

est l'organe de transmission des décisions et délibérations du Conseil de l'Université (contra en Alle-
magne) ; il nomme et révoque le personnel enseignant inférieur ; il peut suspendre un Cours en cas
d'urgence, sauf à en référer au Ministre dans les vingt-
quatre heures ; il fait l'office de Ministère Public dans
les affaires disciplinaires concernant les étudiants ;
il adresse chaque année un rapport au Ministre.

Le Conseil de l'Université est composé du Chancelier, des Doyens et Directeurs, de deux professeurs de chaque Etablissement du chef-lieu et de un
professeur de chaque Etablissement de la circonscription, membres élus. Le Conseil émet des avis :
il détermine les tarifs des droits versés par les étudiants pour le compte des professeurs *chargés de
cours annexes et de conférences privées.*

Nous ne nous étendrons pas sur la juridiction
disciplinaire : constatons simplement que c'est dans
ce projet que, pour la première fois, apparaît une
classification savante des peines. Sur les professeurs,
la juridiction appartient suivant les cas au Conseil
supérieur, au Conseil Central, au Ministre, au Chan-

___

noncer les peines disciplinaires, proposer des candidats aux chaires vacantes. — C'est aujourd'hui le Comité consultatif. — A ce sujet. M. Liard,
loc. cit.

celier ; sur les étudiants, au Conseil de l'Université et au Chancelier. Il peut y avoir appel au Conseil Central.

Quant à la partie financière, elle est très simple : les droits continuent d'être perçus au profit du Trésor Public (sauf l'exception peu importante relative aux Cours annexes et aux Conférences). De plus, l'article 47 décide : « il ne peut être apporté de mo-« difications... aux tarifs des droits versés près les « Etablissements que par Décrets rendus en la forme « des Règlements d'Administration publique ».

Tel était ce projet, venu peut-être trop tôt, à coup sûr incomplet, mais qui appellera encore notre attention, car beaucoup de réformes qui y étaient introduites ont été repoussées par le Sénat en 1892 ou ont fait l'objet d'amendements sans résultats en 1895 et 1896.

TROISIEME PARTIE

LA CONSTITUTION DES UNIVERSITÉS

Généralités.

Le projet Waddington était resté dans les cartons par suite des événements politiques ; mais l'idée était lancée, il fallait la faire aboutir. Ce fut le but constant de l'administration de l'Instruction Publique, ce fut l'œuvre à laquelle s'attachèrent avec dévouement et obstination les trois directeurs de l'Enseignement supérieur (1877-1898). Mais, pour parvenir au but rêvé, long était le chemin, nombreuses les difficultés. La principale, que nous avons eu déjà l'occasion de signaler, était que pour créer des organes nouveaux, pour leur donner la vie et l'argent nécessaires, il fallait l'intervention de la loi. Or, devant les Chambre, on doit toujours compter avec la politique, on peut toujours craindre, dans une question d'intérêt général, l'intervention d'intérêts locaux qui font échec à l'intérêt commun.

Aussi le souci de l'Administration fut-il toujours de soigneusement éviter tout contact inutile avec les législateurs : ce que l'on put faire par voie réglementaire, on le fit ; au point de vue financier, lorsque ce fut indispensable, on fit sanctionner aux Chambres les mesures prises, en insérant des articles dans les lois de finances ; enfin on eut soin de ne présenter au Parlement des projets de création que lorsqu'il ne s'agissait plus que d'établir des actes de naissance. Malgré ces précautions nous verrons que le projet de 1890 échoua. Il fallut opérer d'autres réformes, créer d'autres organes, pour aboutir à la loi de 1896. Ce que ce texte a laissé dans l'ombre, la réglementation de 1897 l'a éclairé. Enfin la loi de finances du 30 mai 1899 a mis la dernière main à l'œuvre.

CHAPITRE PREMIER

La Transformation.

Les Décrets de 1885.

Des Décrets *des 24 et 30 juillet 1883* avaient réorganisé les Facultés et Ecoles d'Enseignement supérieur. Mais une enquête ordonnée cette même année 1883 avait fait ressortir le désir de ces établissements de se transformer en Universités analogues à celles des autres pays d'Europe. Le moment n'était pas encore venu : pour créer des établissements jouissant d'une certaine liberté d'allures et les laisser aller à leur guise, pour les émanciper, il importait de les armer pour la lutte.

Les cellules existantes, dont la cohésion devait former les Universités, étaient les Facultés qui subsistaient tant bien que mal depuis 1808. Mais leur qualité de personne civile, quoique n'ayant jamais été supprimée, était virtuellement tombée en désuétude. C'est ce que constate M. Goblet dans un rapport adressé en 1885 au Président de la République (J. Grévy). Il la ressuscite dans le *Décret du 25 juillet 1885*, qui confirme pour les doyens ou directeurs le droit d'accepter les dons et legs faits aux Facultés ou Ecoles. Cette acceptation est subordonnée à l'autorisation donnée par Décret présidentiel, rendu en Conseil d'Etat, sur la proposition du Ministre, après avis du Conseil des professeurs titulaires de la Faculté ou Ecole et du Recteur de l'Académie.

Un *deuxième Décret* de la même date crée un *Budget particulier* des Facultés comprenant ; 1º les dons et legs ; 2º les subventions sur fonds de concours.

L'article 4 du deuxième Décret, posant les jalons d'une organisation plus complète, prévoyait le cas où des subventions seraient applicables à plusieurs Facultés d'un même centre, et décidait la création d'un *Conseil Général des Facultés*, composé du Recteur, des Doyens et Directeur, de deux délégués de chaque établissement, élus.

Cette création, décidée en principe, fut effectuée par *Décret du 28 décembre 1885*. « Dans ma pensée « et dans celle du Conseil supérieur, écrivait « M. Goblet (1), ce décret, qui fait suite aux Décrets

---

(1) Rapport au Président de la République, 28 décembre 1885.

« du 25 juillet dernier sur la personnalité civile des
« Facultés, est de nature à répondre, en ce qu'ils
« ont d'immédiatement réalisable et de compatible
« avec nos lois et avec les droits de l'Etat, aux vœux
« exprimés par les Facultés lors de l'enquête de
« 1883 ». A ce moment le Gouvernement pense qu'il
n'est pas temps encore de « constituer des Univer-
« sités dans l'Université » ni de permettre à « l'Etat
« de se dépouiller à leur profit de quelques-unes de
« ses attributions ».

Le *Décret du 28 Décembre* donne au Conseil général des attributions purement pédagogiques : il n'a
droit d'initiative qu'en ce qui concerne le seul *établissement commun* existant à cette époque, la « Bibliothèque Universitaire », et ce droit se borne à la
présentation du Règlement intérieur.

Le Conseil répartit entre les Facultés (c'est-à-dire
entre les Budgets sur fonds de concours) les dons,
legs ou subventions afférents à ces services communs : il propose au Ministre la répartition, entre
les différentes Facultés, de la subvention allouée par
l'Etat pour les services communs.

Une partie de la *juridiction disciplinaire* sur les
étudiants avait été confiée aux Facultés par les
Décrets des 30 juillet 1883 et 25 juillet 1885. Le Dé-

cret du 28 décembre la transfère au *Conseil général des Facultés* (non sans une violente lutte au Conseil supérieur).

Enfin les pouvoirs du Doyen sont augmentés : du fait de la réforme il devient administrateur des biens de la Faculté.

A ses côtés siègent deux Conseils : le *Conseil de la Faculté*, composé des seuls professeurs titulaires, qui a des attributions d'ordre financier et judiciaire, et jouit du droit de présentation aux chaires vacantes ; l'*Assemblée de la Faculté* délibérant sur tous les points qui touchent aux programmes ou à l'Enseignement.

En ce qui concerne la nomination des professeurs il n'est rien innové.

Le rapporteur du Décret signale l'article 28 qui donne au Doyen et au Recteur le droit de nomination à certains emplois inférieurs. Constatons simplement en passant qu'il n'y a pas là décentralisation ; l'article 28 dit en effet textuellement : « Par *délégation* du Ministre, le doyen nomme, etc... »

En résumé, le bilan des Décrets de 1885 se traduit ainsi :

1° Création du Conseil général des Facultés (sans la personnalité civile) ;

2º Organisation de la Faculté personne civile et, comme corollaire, budget particulier ;

3º Organisation des Conseils ;

4º Déconcentration administrative au profit des Recteurs et des Doyens. — Décentralisation scientifique au profit des Conseils.

La loi de finances de 1890.

Le *Budget particulier* sur fonds de concours était insuffisant pour assurer la vie de la Faculté : le Gouvernement octroyait sur le *Budget de l'État* des subventions pour le matériel : afin d'élargir le champ d'action des Facultés on décide que « à dater du « 1er janvier 1890 il sera fait recette au budget spécial « de chaque Faculté, concurremment avec les res- « sources propres de l'établissement, des crédits ou- « verts aux chapitres 7 et 8 pour le matériel des Fa- « cultés ». C'est l'article 51 de la loi des Finances du 17 juillet 1889, portant fixation du Budget de l'Exercice 1890.

Le projet de 1890 ; les débats de 1892.

Le Gouvernement crut alors que le moment était venu d'agir. Les organes créés paraissaient suffisants pour procéder à l'établissement d'Universités régionales. En se servant de ces organes, en les coordonnant entre eux, en donnant à l'ensemble des Facultés la personnalité civile, on pensait qu'on avait quelques chances d'aboutir.

Ce fut l'objet d'un projet de loi déposé sur le Bureau du Sénat le 22 juillet 1890 par M. Léon Bourgeois. Ce projet était le résultat de longues études, et s'il eût abouti, nul doute que nous eussions échappé à certains inconvénients qui pourront résulter du vote de la loi de 1896. S'inspirant du projet Waddington, il donnait aux nouveaux Corps suffisamment de liberté sans attenter en rien aux droits de l'Etat. Il n'éparpillait pas les centres d'instruction : il ne créait pas de recettes d'Université, il ne donnait pas à certaines Facultés la maîtrise de leurs tarifs.

Services publics, les Universités « sont des Eta-

« blissements publics d'Enseignement supérieur
« ayant pour objet l'Enseignement et la culture de
« l'ensemble des Sciences (1) ». Toutes les Facultés ne
font pas partie d'une Université ; seuls les centres
possédant les Facultés de Droit, des Sciences, des
Lettres, de Médecine et une Ecole Supérieure de
pharmacie, c'est-à-dire seuls les centres pouvant
vivre de leur vie propre, sont autorisés à prendre le
titre d'Université. Les autres établissements vivront
comme par le passé.

Cette disposition, qui est la clé de voûte de tout
l'édifice, fut justement celle qui empêcha le projet
d'aboutir. L'idée qu'elle contient s'était pourtant
transmise jusqu'à nous par une tradition constante
depuis la Révolution.

« Il avait paru au Gouvernement qu'en (les Uni-
« versités) faire de boiteuses et d'incomplètes, serait
« œuvre verbale, partant vaine et compromettante,
« et que mieux valait, comme l'avaient demandé
« Guizot, Cousin et tant d'autres, n'en avoir d'abord
« que quelques-unes, là où elles étaient déjà des
« réalités, *laissant au temps le soin d'en former de*
« *nouvelles* (1) ».

_____

(1) M. L. LIARD. — *L'Enseignement supérieur en France*, tome II.

Le créateur des Universités, l'auteur du projet de 1890 s'exprime ainsi avec raison : il avait eu le tort de croire qu'une Assemblée politique fût capable d'étudier de sang-froid et au point de vue technique une réforme administrative. Et pourtant on s'était adressé au Sénat tout d'abord, dans une pensée facile à comprendre ; mais la Haute Assemblée ne fit pas montre, en cette circonstance, de toute la sagesse qu'on était en droit d'attendre d'elle : et c'est elle qu'il faudra rendre responsable, le moment venu, des faiblesses de la loi de 1896. Sur les quinze Universités régionales il y en a bien actuellement dix de bâtardes : corps étiolés et anémiques que l'Etat se verra dans la triste alternative ou de laisser mourir, ou de soutenir quand même au grand détriment des finances publiques.

Quoiqu'il en soit le projet vint en discussion au Sénat en mars 1892 (1).

Les débats furent ouverts le 10 mars par un discours magistral de M. Challemel-Lacour. Sans combattre le principe des Universités, l'orateur attaque la distinction entre les *grandes* et les *petites* Facultés. En réalité, moins courageux que le sera

---

(1) Sénat. Débats parlementaires, 1892, page 169.

M. Rey le 15, il ne donne pas la raison de son opinion, il se borne à reprocher au projet de n'être pas
assez libéral. Le tout est d'ailleurs fait d'une façon
spirituelle qui met les rieurs de son côté lorsqu'il
déclare : « On a dit que le projet de 1890 n'était que
« l'extension des Décrets de 1885. Comment, en
« 1885 vous agrandissez la situation des Facultés,
« vous les émancipez : puis vous en jugulez la moitié
« en 1892, et vous dites en vous frottant les mains
« que la logique enfin est satisfaite ».

Le Ministre (M. L. Bourgeois) répond à M. Challemel-Lacour et constate que : « en droit aucune at-
« teinte n'est portée par le projet de loi à ce qu'on
« a appelé les *petites* Facultés, à ce que j'appellerai
« seulement les Facultés *isolées* ».

Avec M. Thézard apparaît une opposition au principe même de l'autonomie : « L'autonomie des Uni-
« versités, notre ancien régime l'a connue et elle n'a
« servi ni la science, ni la liberté ». En ce qui concerne les Facultés isolées, il précise davantage la situation, il fait ressortir que la distinction projetée
peut être préjudiciable aux villes « qui ont fait de
« lourds sacrifices » ; il a, en outre, un aperçu ingé-
nieux de la question : « C'est en même temps une
« humiliation pour une notable partie du corps de

« l'Enseignement supérieur dont on méconnaît,
« qu'on le veuille ou non, le savoir, le talent, les
« services et auxquels on refuse le degré de dignité,
« d'indépendance et d'autorité qu'on veut accorder
« aux autres ».

C'est alors seulement que M. Bardoux, rapporteur
prend la parole. M. Bardoux, qu'on peut appeler à
juste titre le *champion parlementaire* des Universités
(car il a rapporté au Sénat tous les projets relatifs à
la question) a attendu jusqu'à ce moment pour défendre le projet adopté par la Commission : il a tenu
à répondre d'un coup à toutes les objections. Il
constate qu'en somme elles se réduisent à une
seule ; et il déclare qu'on ne peut éparpiller les Universités sans les annuler : d'ailleurs la porte n'est pas
fermée aux espérances et à l'avenir. « Rendez-vous
« dignes d'être Universités, remplissez les conditions
« légales exigées pour cette création. »

Ici il faut rendre hommage à la franchise du Sénateur de l'Isère, M. Rey, qui, sous une forme à la
fois ferme et polie, fait entendre « les regrets, les do-
« léances respectueuses de cette ville (Grenoble) que
« votre loi menace d'une véritable déchéance ».

M. Goblet, qui avait contresigné les Décrets de
1885, vient défendre le projet : il remarque spiri-

tuellement que le Ministre ayant fait au Sénat l'honneur de le lui présenter tout d'abord, le Sénat aurait mauvaise grâce à le repousser.

Alors se produit une intervention malheureuse. M. de Rozière approuve le projet, mais... il soulève deux graves questions, que personne n'avait aperçues, la question des diplômes (que les nouvelles Universités auraient pu conférer) et la question de l'absorption des Ecoles spéciales par les nouveaux organes.

M. Bourgeois rassure M. de Rozière; mais en vain, le coup de grâce est porté.

Un contre-projet, ainsi conçu, est déposé par MM. Bernard, Thézard, Gaillard, Gandy, Durand-Savoyat, Rey, Barrieu et Couturier :

« Article Ier. — Les dispositions des Décrets des « 25 juillet et 28 décembre 1885 ont force de loi.

« Article II. — Le Corps constitué par la réunion « des Facultés ou Ecoles jouira de la personnalité ci-« vile ».

A première vue le Gouvernement eût pu se contenter de ce texte ; à y bien regarder le projet ne demandait pas grand'chose de plus. Mais ce qui rend tout compromis inacceptable, ce fut la déclaration de M. Bernard. « Notre contre-projet est la négation

« même des Universités que nous combattons, que
« nous repoussons. »

Sur la demande du rapporteur et de M. J. Simon,
président de la Commission, le renvoi du contre-
projet à celle-ci est prononcé.

Le Gouvernement était battu : mais il ressortait
des débats qu'aucune objection sérieuse n'était sou-
levée quant au principe ; les droits de l'Etat avaient
été affirmés à nouveau par le Ministre, le maintien
de l'unité de l'Enseignement supérieur était assuré :
on n'avait pas attaqué l'organisation elle-même,
seule la fixation des circonscriptions universitaires
avait donné lieu à critique.

Le Parlement se dérobant, il fallait redoubler
d'efforts, et pour cela modifier et renforcer les organes existants.

La loi des finances et les Décrets de 1893.

Les Décrets de 1885 avaient affirmé la personnalité civile des Facultés ; ils avaient en outre établi un
lien entre elles par la création du Conseil Général
des Facultés. Malgré le peu d'étendue de ses attribu-

tions, ce dernier pouvait rendre de grands services en ce qui concerne l'Enseignement, mais il fallait pour cela que, comme les Facultés elles-mêmes, il eût des ressources propres ; que, comme elles, il fût une personne civile. Ce fut dans cette intention que le Gouvernement inséra dans la loi de finances de 1893 un article (72 du projet, 71 de la loi) ainsi conçu :

« Le Corps formé par la réunion de plusieurs Fa-
« cultés de l'Etat dans un même ressort académique
« est investi de la personnalité civile.

« Il est représenté par le Conseil Général des Fa-
« cultés.

« Il sera soumis, en ce qui concerne ses recettes et
« sa comptabilité, aux prescriptions qui seront déter-
« minées par un Règlement d'Administration Pu-
« blique.

« Il continuera d'être fait recette au budget de
« chaque Faculté des crédits alloués par le Ministre
« de l'Instruction Publique sur le chapitre VIII, pour
« le matériel des Facultés ».

Voté sans discussion à la Chambre des députés, on trouve au Sénat deux protestations, l'une platonique, l'autre qui fut suivie d'une déclaration du Ministre.

La première fut formulée par M. E. Boulanger,

rapporteur général du Budget (1) ; l'orateur, se féli-
citant de la disparition prochaine de certaines *Caisses*,
constate avec regret qu'il en existe beaucoup d'autres,
et il cite « la Caisse des Facultés et cette année la
« Caisse ou le budget des Corps de Facultés ». Là se
borne son intervention. Le rapporteur spécial de
l'Instruction Publique ne relève pas la question et il
n'est fait à ce sujet aucune autre observation.

Mais un Sénateur qui se rappelait l'échec du projet de 1890, M. Guibourd de Luzinais, s'élève le
29 mars contre l'article proposé (2) ; il y voit un
danger, un biais pris par le Gouvernement pour
« résoudre la question des Universités sans le con-
« cours du Parlement. » Le Ministre, spécialement
visé, répond que quand même telle serait son intention il n'en aurait pas le droit.

M. Thézard, tout aussi peu rassuré que M. de Luzinais, s'étonne que l'on n'ait pas compris « les Ecoles
« préparatoires de médecine et de pharmacie dans
« le projet » et il demande la disjonction. Le Ministre
lui explique que l'on ne peut toucher aux Ecoles
parce que leur budget appartient avant tout aux
villes : il repousse la disjonction.

---

(1) Sénat. Débats parlementaires, 1893, page 358.
(2) Sénat. Débats parlementaires, 1893, page 510.

Finalement, l'article proposé est adopté (1).

Il semble qu'à ce moment tout est terminé ; à première vue les Universités sont créées ; *il ne leur manque plus qu'un nom...* et des moyens d'existence assurés.

---

(1) Les 9 et 10 août 1893 sont pris deux décrets qui réforment les Décrets de 1885 dans celles de leurs dispositions devenues incompatibles avec l'innovation apportée par la Loi de 1893.

CHAPITRE II

Les Débats de 1895-1896.

Pourquoi le Gouvernement ne prit-il pas alors l'initiative du mouvement ? A côté des difficultés politiques proprement dites, il y avait le souci pour l'Administration de ne lancer les Universités qu'avec un outillage suffisant : en outre, on était en ce moment en pleine période de réformes : la réforme des études médicales, la suppression de l'officiat, la réforme de la licence et du doctorat en droit, de la licence ès-sciences étaient ou faites ou à l'étude, et il fallait éviter à des organes nouveaux des tâtonnements qui auraient pu les désagréger. Peut-être aussi, après la déception de 1892, le Gouvernement préférait-il voir la question posée à nouveau devant les Chambres par l'initiative parlementaire.

Quoiqu'il en soit, avec ou sans intention favorable au Cabinet, M. P. Vigné d'Octon déposa, le 8 novembre 1894, sur le bureau de la Chambre des députés, un projet de loi sur la Constitution d'Universités.

Ce projet, qui était la reproduction amendée de celui de 1890, ne vint pas en discussion. Le Gouvernement n'avait en effet jamais retiré son projet : d'autre part, il avait un nouveau texte tout préparé.

Par Décret du 18 juin 1895 il retire le projet de 1890, et le même jour MM. Poincaré (Instruction Publique) et Ribot (Finances) déposent de nouvelles propositions.

Le Ministre saisit cette occasion pour affirmer deux principes :

1° La question des Universités a été posée pour la 1re fois *par l'initiative parlementaire* (art. 51 de la loi du 17 juillet 1889. Budget des Facultés).

2° L'organisation nouvelle a été combinée de façon à *concilier* les Droits de l'Etat avec l'indépendance nécessaire à des établissements voués aux hautes études et à la libre recherche.

Une Commission (1) fut nommée dans le but d'examiner : 1° le projet Poincaré-Ribot ; 2° le projet Vigné d'Octon. M. Poincaré ayant, à cette époque, cessé de

---

(1) Composée de MM. Goblet, Dejean, Ch. Roux, Jacques, Lavy, Léveillé, Rey, Cousin, Blanc, Salis, Poincaré.

faire partie du Cabinet, fut élu membre de la Commission et nommé rapporteur.

« Le Gouvernement, dit-il (1), n'a pas cru devoir « renouveler dans les mêmes termes la tentative « qui avait échoué en 1890, et M. Vigné d'Octon, qui « avait, dans sa proposition, repris les idées essen- « tielles de l'ancien projet de M. Bourgeois, a lui- « même déclaré que, dans l'intérêt d'une prompte « solution, il se ralliait au texte arrêté par le précé- « dent Ministre. »

En effet, au début de la séance où commencent les débats (5 mars 1896), M. Vigné d'Octon renonce à son projet et appuie celui du Gouvernement.

M. Cousin appuie également la proposition.

Mgr d'Hulst s'y rallie : il trouve que c'est un essai de sage décentralisation, mais il pense qu'on a été trop timide ; — son idée, au fond, est de rendre presque insignifiante la chaîne qui unit les Universités à l'Etat. Une fois ce résultat obtenu on pourrait demander au Gouvernement la création d'Universités libres. Ce serait la loi de 1875 empirée ; des Etats catholiques dans l'Etat laïque.

M. Poincaré saisit immédiatement la pensée intime

---

(1) Séance du 28 décembre 1895.

de l'orateur, et s'empresse de répondre (1) : « Ce que
« nous ne voulons pas, c'est que l'Etat abandonne son
« droit de réglementer et de contrôler les examens ;
« ce que nous ne voulons pas, c'est que les grades ne
« soient pas alloués par l'Etat ».

M. Jourde fait une observation sur laquelle nous
aurons à revenir. « Il faudrait y ajouter le bénéfice
« de leur recrutement autonome (le recrutement des
« professeurs). »

Finalement l'ensemble est adopté sans discussion,
sauf une remarque de M. Samary en ce qui concerne
les Ecoles d'Alger. Le Ministre répond que la question est réservée et l'incident est clos.

Au Sénat le rapport fut présenté au nom de la
Commission (2), le 23 juin 1896, par M. Bardoux.
Nous ne relèverons dans ce rapport qu'une chose,
c'est l'affirmation du droit pour le Gouvernement de
réglementer les Tarifs. Ceux-ci sont fixés par Décrets
rendus en Conseil d'Etat après avis du Conseil supérieur.

Ici les débats prennent plus d'ampleur qu'à la
Chambre.

---

(1) Chambre. Débats parlementaires, 1896, page 395.
(2) Composée de MM. Wallon, Fallières, Drumel, Thézard, Bardoux,
Berthelot, Goujon, Déandreis.

Le 6 juillet 1896 M. Gadaud combat la suppression de l'Université de France ; il constate que la loi proposée n'est pas une loi de décentralisation ; enfin il croit que le Ministre se trompe au moins sur un point : « le projet se flatte également d'empêcher la « *spécialisation* dans l'Enseignement : oh ! ici, Mes-« sieurs, je crois que le Ministre se trompe de la « façon la plus absolue (1). »

Le 7 juillet le rapporteur fait un exposé du rôle respectif de l'Etat et des Universités. Puis le Ministre (M. Rambaud) vient affirmer que les Universités ne se déroberont pas à *l'autorité légitime de l'Etat.*

M. Buffet demande l'autonomie pour les Cours et le choix des professeurs.

M. Wallon, se reportant aux Universités Allemandes, propose la création d'un Chancelier, chef de l'Université enseignante. le Recteur en restant le chef administratif. Après un échange d'observations il déclare renoncer à son projet *pour le moment.*

M. Guibourd de Luzinais dépose un amendement

_____

(1) Les faits semblent devoir donner raison à M. Gadaud : la recherche de la science pure ne paraît pas être l'unique préoccupation des jeunes Universités ; nous voyons, en effet, Lille créer des licenciés mécaniciens, physiciens et géologues ! C'est de la spécialisation à outrance dans un but fiscal facile à saisir. — Dans ce sens, voir un article de M. Picavet, *in Revue internationale de l'Enseignement,* année 1899.

tendant à ce que les Ecoles préparatoires de médecine et de pharmacie soient représentées au Conseil de l'Université pour les affaires disciplinaires
les intéressant. Le Commissaire du Gouvernement
(M. Liard) lui promet satisfaction en dehors du
texte actuel. Amendement retiré.

Enfin vient un amendement Buffet : *abrogation
de la loi du 18 mars 1880 dans les dispositions qui ont
empêché les Facultés libres de s'appeler Universités.*

Le Ministre intervient énergiquement : il déclare
que cette question n'a aucun rapport avec la création des Universités ; il invite M. Buffet à déposer
un projet de loi spécial si bon lui semble ; quant à
lui, il n'accepte même pas la discussion de l'amendement. Devant cette attitude M. Buffet ne demande
pas le passage aux voix et retire purement et simplement sa proposition.

Le projet est voté et devient la loi du 10 juillet 1896.

CHAPITRE III

La loi du 10 juillet 1896.

« Cette loi brève et simple est une date dans l'his-
« toire de notre Enseignement supérieur. Elle y
« marque la fin d'une étape et le commencement
« d'une autre (1). »

Les *Corps des Facultés* s'appelleront *Universités*.
Le *Conseil Général des Facultés* s'appellera *Conseil
de l'Université*. Tels sont les articles 1 et 2. Il n'y a
donc rien de changé en apparence, sauf des dénomi-
nations.

Mais avec l'article 3 nous arrivons à une disposition qui aura pour résultat le remaniement d'une
grande partie de notre organisation académique.
Cet article transfère au *Conseil de l'Université* les
attributions contentieuses et disciplinaires de l'Enseignement supérieur qui, jusqu'alors, appartenaient
au *Conseil Académique*.

---

(1) Exposé des motifs des projets de Décrets présentés au Conseil supérieur par M. Liard, Directeur de l'Enseignement supérieur.

Enfin l'art. 4 (de beaucoup le plus important) apporte des ressources aux nouveaux Corps.

Cette loi ne faisait en réalité que poser un principe : aussi ce n'est pas dans son texte que l'on peut étudier le fonctionnement des Universités nouvelles. C'est dans *les Décrets de 1897*, cités au début de cette étude, et dans la *loi de finances du 30 mai 1899* qu'il faut aller puiser des renseignements.

Les *Décrets de 1897* ont eu pour but de mettre à jour les Règlements antérieurs ;

La loi de finances de 1899 a eu pour résultat de permettre aux Universités de percevoir des droits en vue d'enseignements créés par elles en exécution de la loi de 1896.

Nous allons parcourir les principales dispositions de ces textes.

Conseil d'Université.

A. *Organisation.* — Le Conseil se compose de membres *de droit* et de membres *élus*.

Outre le Recteur, que nous retrouverons plus loin, les *membres de droit* sont :

1º Les Doyens des Facultés et le Directeur de

l'Ecole supérieure de pharmacie (art. 1ᵉʳ du Décret
du 21 juillet) ;

2° Le Directeur de l'Ecole de plein exercice ou
préparatoire de médecine et de pharmacie du département où siège l'Université (art. 1ᵉʳ du Décret
précité) (1) ;

3° Le Directeur de chaque Ecole de plein exercice
ou préparatoire de médecine et de pharmacie sise
hors du siège de l'Université, mais dans le ressort
académique (art. 27 du Décret) (2) ;

4° Les maires des villes qui allouent des subventions (art. 29) (3) ;

5° Le ou les directeurs des observatoires dé-

---

(1) Ne siège que pour les affaires d'ordre scientifique, scolaire ou
disciplinaire.

(2) Ne siège que pour les affaires contentieuses ou disciplinaires intéressant son établissement. — Cette disposition est la réalisation de la
promesse faite, au Sénat, à M. Guibourd de Luzinais, par M. le Commissaire du Gouvernement.

(3) Article 29. « Les maires des villes qui allouent des subventions à
« l'Université ou aux Facultés, et, dans le même cas, les présidents des
« conseils généraux des départements, les présidents des établissements
« publics ou d'utilité publique et des associations formées dans le des-
« sein de favoriser le développement des Universités, ont séance au Con-
« seil pour l'examen du rapport annuel prévu à l'article précédent. —
« A Paris ce droit appartient au Préfet de la Seine et à un délégué du
« Conseil municipal. — La convocation peut être étendue, par décision
« du Conseil, aux bienfaiteurs de l'Université. »

partementaux du ressort académique (Décret du 24 juillet 1899).

Les membres élus sont :

1º Deux délégués de chaque Faculté ou Ecole supérieure, élus pour trois ans par *l'Assemblée de la Faculté* parmi les *professeurs titulaires* (art. 1er) ;

2º Un délégué élu de l'Ecole de plein exercice ou préparatoire de médecine et de pharmacie du département où siège l'Université (art. 1er) (1) ;

3º Un délégué élu de chaque Ecole de plein exercice ou préparatoire de médecine et de pharmacie sise hors du siège de l'Université, mais dans le ressort académique (art. 27) (2).

Le Conseil élit un vice-président et un secrétaire.

Il fait son règlement intérieur.

Quant au Président, c'est de droit le Recteur.

B. *Attributions.*

a) *Attributions administratives.* — On distingue dans cet ordre d'idées trois catégories de délibérations pouvant être prises par le Conseil :

1º Délibérations immédiatement exécutoires, sauf le droit pour le Ministre de les annuler, dans le délai d'un mois, après avis de la Section permanente du

(1) Voir note (1) page 80.
(2) Voir note (2) page 80.

Conseil supérieur, mais seulement pour excès de pouvoir ou violation de la loi ;

2° Délibérations exécutoires après approbation ministérielle ;

3° Délibérations portant avis ;

4° Vœux (limité aux questions relatives à l'Enseignement supérieur).

1° *Délibérations immédiatement exécutoires.* — Le Conseil statue sur l'administration des biens de l'Université, sur l'exercice des actions en justice, sur la réglementation des cours libres et sur celle des cours, conférences et exercices communs à plusieurs Facultés, sur l'institution d'œuvres dans l'intérêt des étudiants, sur la répartition des dispenses de droits prévues par les lois, sur la répartition des jours de vacances prévus à l'art. 43, § 2, du Décret du 28 décembre 1885.

2° *Délibérations soumises à l'approbation préalable.* — Le Conseil délibère sur les acquisitions, aliénations et échanges de biens de l'Université, sur les baux d'une durée de plus de 18 ans, sur les emprunts, sur l'acceptation des dons et legs, sur les offres de subventions, sur la création d'enseignements rétribués sur les fonds de l'Université, sur l'institution et la réglementation des titres prévus à l'art. 15 du Décret, sur les règlements relatifs aux dispenses des droits perçus par l'Université.

Les délibération2 de la 1er catégorie, quoique constituant des décisions, ne sont exécutoires que si l'Administration supérieure n'y met pas d'opposition dans le délai d'un mois. Ce délai court, non du moment où la décision est prise, mais du moment où notification en est adressée au Ministre. Si, le délai écoulé, le Ministre n'a pas répondu, il faut considérer, par analogie avec la jurisprudence suivie à l'égard des Conseils Généraux des départements, que la décision est exécutoire *ipso facto*. Ajoutons que l'annulation de la délibération doit, par argumentation de l'article (8) du Décret du 21 juillet, être prononcée sous forme d'arrêté, être motivée, et viser dans ses considérants, *sous peine de nullité*, l'avis formulé par la section permanente du Conseil supérieur. Notons que le Décret ne dit pas que l'arrêté doit être pris *en conformité* de l'avis ; par suite, le droit du Ministre reste entier et il peut annuler *malgré* la section permanente.

Les délibérations de la 2e catégorie ne sont exécutoires qu'après approbation ministérielle. Ici le texte n'a pas indiqué de forme : on peut procéder par voie d'arrêté, de visa ou de simple lettre.

3° *Avis.* — Il est évident qu'un Conseil peut toujours être consulté. Mais on a voulu que, sur certains points, l'Administration ne fût pas complètement libre de demander ou non son avis au Conseil de l'Université.

Le Ministre est *tenu* de le prendre dans cinq cas.

a) Etablissement des budgets et comptes de l'Université ;

b) Etablissement des budgets et comptes des facultés ;

c) Création, transformation ou suppression de chaires rétribuées sur fonds d'Etat ;

d) Règlements relatifs aux services communs ;

e) Fermeture d'un établissement d'Université par mesure disciplinaire.

4° *Vœux.* — Rien à dire : on applique le droit ordinaire.

b) *Attributions contentieuses et disciplinaires.* — Ici la réforme de 1896 a opéré un changement qui aura pour effet la réfection des Conseils Académiques et la réorganisation du Conseil supérieur.

La juridiction disciplinaire des étudiants, qui appartenait au Conseil Général des Facultés et au Conseil Académique, a été transférée au Conseil de l'Université. Le pouvoir du Conseil est absolu, plus absolu que celui des tribunaux ordinaires, puisqu'en matière universitaire le droit de réformation et le droit de grâce ne peuvent être exercés (1). Il y a possibilité *d'appel* au Conseil supérieur, mais seulement pour les peines dont les effets dépassent les limites de l'Université. En ce qui concerne la juridiction sur les professeurs le Conseil de l'Université a également hérité des prérogatives appartenant au Conseil Académique.

L'*instruction*, est faite par une Commission spéciale nommée chaque année par le Conseil dans son sein : les causes sont entendues, les parties présentes, ou sur mémoire ; la *décision* est prise au scrutin secret et notifiée dans le délai de huit jours au domicile de la partie.

Le Recteur.

Le chef administratif et scientifique de l'Université est le Recteur.

Cette solution n'est peut-être pas définitive. M. Wallon, repoussé en 1896 lorsqu'il demandait la création d'un Chancelier, a en effet déclaré ne s'incliner que momentanément.

---

(1) GOBRON. — *Le droit de grâce.*

Le résultat du régime de 1896 est de modifier ainsi qu'il suit les subdivisions de l'Académie.

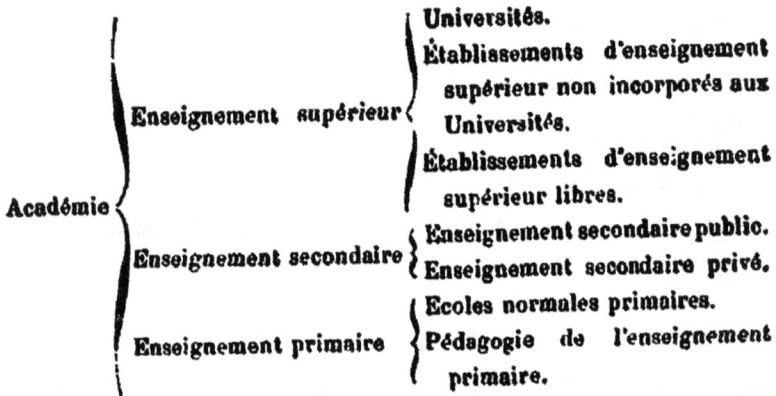

Académie
- Enseignement supérieur
  - Universités.
  - Établissements d'enseignement supérieur non incorporés aux Universités.
  - Établissements d'enseignement supérieur libres.
- Enseignement secondaire
  - Enseignement secondaire public.
  - Enseignement secondaire privé.
- Enseignement primaire
  - Ecoles normales primaires.
  - Pédagogie de l'enseignement primaire.

Le Recteur se trouve être en même temps chef des trois ordres d'Enseignement, représentant du Gouvernement et Président du Conseil de l'Université.

Que ferait le Recteur mis en minorité au Conseil ? Il ne pourrait démissionner de son poste de Président sans abandonner ses fonctions de Recteur ; et, en outre, serait-il juste qu'il quittât la direction des trois ordres d'Enseignement sous prétexte de désaccord avec un Conseil qui ne représente même pas tout l'Enseignement supérieur de l'Académie ? D'autre part, s'il reste dans ces conditions, sa situation nous paraît devoir être plutôt pénible ? Nous ne faisons qu'indiquer cette question qui ne rentre pas d'une façon absolue dans le cadre de cette étude ;

d'ailleurs elle vise un cas qui, probablement, ne se produira pas ; disons seulement que si cette hypothèse se réalisait il n'y aurait d'autre solution que le *déplacement* du Recteur, car le Gouvernement n'a pas, croyons-nous, le droit de *dissoudre* le Conseil ?

Ceci dit, quels sont les droits du Recteur ?

a) *Attributions administratives.*

En tant que Président du Conseil. — Seul le Recteur convoque le Conseil à des époques fixées par le Règlement intérieur, ou de son propre mouvement, quand il le juge nécessaire. Il est tenu de le réunir sur la demande du tiers de ses membres en vue d'un objet déterminé.

Il délivre, au nom de l'Université, les titres créés par elle.

Il est ordonnateur des dépenses, passe les marchés et procède aux adjudications.

Il peut nommer, s'il le juge utile, un régisseur.

Il accepte, au nom de l'Université, les dons et legs (après la signature du Décret d'autorisation).

En tant que Recteur. — D'une façon générale c'est un agent de transmission et de contrôle.

En outre, *sous l'autorité du Ministre* (art. 5 du Décret du 21 juillet) :

Il instruit les affaires de l'Université et assure

l'exécution des décisions du Conseil. Il représente l'Université en justice et dans tous les actes de la vie civile ; il peut intenter une action possessoire ou y défendre, agir en référé et faire tous actes conservatoires.

Il nomme, *par délégation du Ministre*, aux emplois de chargés de cours et maîtres de conférences rétribués sur les fonds de l'Université.

Il peut interdire, par mesure administrative, l'accès des bâtiments de l'Université à tout délinquant déféré au Conseil.

b) *Attributions contentieuses et disciplinaires.*

Le Recteur remplit le rôle de Ministère public et a également certaines autres attributions.

L'*Exercice* de l'action disciplinaire lui appartient et n'appartient qu'à lui. Il saisit directement la *Commission spéciale.*

Il adresse les citations, notifie les décisions.

Il peut interjeter appel de toutes les décisions du Conseil de l'Université en matière disciplinaire.

En cas de désordres graves il peut suspendre un cours après avis du doyen ou directeur de l'Etablissement intéressé.

Dans la première partie de cette étude nous avons exposé les conditions que devaient réunir des organes pour être décentralisés.

Après avoir, dans la deuxième partie, suivi l'évolution de la législation particulière à l'Enseignement supérieur, nous venons de voir, dans la troisième, la charpente maîtresse de ce qui constitue aujourd'hui une Université.

Sur le modèle type que nous avons indiqué nous allons poser le modèle créé : de ce rapprochement ressortiront des ressemblances ou des différences qui nous permettront de résoudre la question que nous nous sommes posée, savoir, quelle est la nature juridique des Universités régionales?

QUATRIÈME PARTIE

NATURE JURIDIQUE DES UNIVERSITÉS

CHAPITRE PREMIER

Décentralisation des organes.

Nous avons vu qu'un organe décentralisé doit être composé de membres élus et que la délibération, la décision et l'exécution doivent être confiées à des autorités élues.

Au point de vue *universitaire* les autorités sont :

Le Recteur;

Le Conseil de l'Université.

Le *Recteur* est un fonctionnaire nommé par le Gouvernement et investi, par un Règlement, de la Présidence du Conseil. C'est un agent de l'Etat, représentant celui-ci et imposé aux Universités comme pouvoir pondérateur. Par ce seul fait d'un Président du Conseil, agent de l'Etat, nous ne pourrons arriver à conclure à une réforme de décentralisation puisque le Chef Suprême de l'institution est un fonctionnaire, nommé et révocable par le Gouvernement.

Le *Conseil* paraît être un peu plus proche de l'idéal d'un corps décentralisé. Cependant notons d'abord qu'il n'est élu que partiellement (à Paris, 19 membres dont 7 de droit et 12 élus) ; en outre, comment est composé le corps électoral ? il est formé, dans chaque Faculté ou Ecole, par *l'Assemblée des professeurs*, c'est-à-dire par les professeurs titulaires, adjoints, suppléants, par les agrégés et docteurs chargés de cours. Or, parmi ces électeurs les uns sont choisis au concours, les autres nommés par acte gouvernemental (il est vrai sur la présentation du Conseil de l'établissement où la vacance est déclarée). Ce sont des fonctionnaires : de plus, ils ne sont qu'en nombre relativement restreint.

Sans demander que l'élection ait lieu au suffrage populaire, comme cela se fait à l'Université d'Ann-Arbor (Michigan), en peut concevoir une organisation plus large.

La composition du Corps électoral nous paraît être indiquée par le but même de l'institution : est électeur

tout individu faisant partie de la corporation universitaire ; et celle-ci comprend le personnel enseignant
et le personnel enseigné.

C'est à peu près ainsi que sont élus certains
membres du *Board of Regents* de l'Université de
Californie, du *Board of Trustees* de Cornell Univer-
sity à Ithaca (1), et de l'*Hebdomadal Council* de l'Université d'Oxford (2).

Quant aux conditions d'éligibilité, il n'y aurait pas
à y toucher, le titulariat continuerait à être exigé
pour faire partie du Conseil : tels l'*Hebdomadal
Council* d'Oxford et le *Sénat* des Universités allemandes (3).

Actuellement, tels qu'ils sont constitués, les Conseils des Universités sont des organes mixtes ; on
peut dire qu'ils servent à assurer le fonctionnement
d'une sorte d'auto-gouvernement, mais rien de plus.

Au reste, il était difficile de réussir à créer d'em-
blée quelque chose de bien net ; car, ainsi que le
constatait M. le Commissaire du Gouvernement

---

(1) Docteur LAURENT. — *Les Universités des Etats-Unis et du Canada.*
Bruxelles, 1894.

(2) HASTINGS RASHDALL. — *The Universities of Europe in the middle
ages,* 1895 (Appendice 33).

(3) W. LEXIS. — *Loc. cit.*

en 1892 et 1896, il fallait tenir compte du passé. S'il s'était agi d'instituer *de plano* des Corps scientifiques décentralisés on eut pu y arriver aisément. Mais on ne doit pas oublier que les nouveaux organes ne sont faits que de la juxtaposition des Facultés, établissements de l'Etat, spécialement chargés de délivrer des grades d'Etat. Par suite, même au point de vue scientifique, il ne pourrait y avoir autonomie absolue. Au point de vue administratif encore moins, le Professeur étant fonctionnaire de l'Etat.

En résumé :

1° Le Président du Conseil de l'Université n'est pas élu et est agent du Gouvernement;

2° Le Conseil de l'Université ne comprend que partie de membres élus, par un Corps électoral spécial et restreint, et choisis par des fonctionnaires amovibles.

Le principe de liberté nécessaire fait défaut, il n'y qu'une décentralisation incomplète des organes.

CHAPITRE I:

Décentralisation des attributions.

Quant aux attributions, y a-t-il décentralisation?

Recteur.

Examinons les prérogatives qui appartiennent au Recteur.

Il convoque le Conseil et peut le faire quand bon lui semble, en théorie tout au moins. Cette faculté pourrait être *a priori* une arme sérieuse entre ses mains : le Gouvernement serait-il mécontent d'un Conseil, il n'aurait qu'à inviter le Recteur à négliger de le convoquer et, par suite, exercer contre lui la pression nécessaire pour l'amener à composition. Mais il n'en est pas ainsi, car le Conseil de l'Université établit son règlement intérieur et fixe lui-même la date de ses sessions. Donc, pas de pouvoir pour le Recteur. Cependant, de son côté, le Conseil n'est pas libre non plus ; car il *doit* donner son avis sur les comptes et les budgets, et, pour ce faire en temps utile, il faut de toute nécessité qu'il prévoie au moins deux sessions.

Le Recteur ordonne les dépenses de l'Université ; mais seulement en vertu d'un texte de loi ou d'une délibération de l'assemblée. Ici ne fait-il pas fonction d'organe décentralisé ? Le budget est voté en recettes et en dépenses par le Conseil (délibération non exécutoire *de plano*) et arrêté par le Ministre de l'Instruction Publique ; par suite, le Recteur n'agit qu'en qualité d'ordonnateur secondaire spécial, le budget des dépenses constituant en quelque sorte dans l'espèce le mandat de délégation.

S'il le juge utile, le Recteur peut nommer un régisseur des biens de l'Université, régisseur qui sera tenu de rendre des comptes chaque mois à l'Agent-Comptable, agent de l'Etat.

Quant à l'acceptation des dons et legs, bornons-nous à rappeler qu'elle est subordonnée à l'autorisation préalablement accordée par Décret rendu en Conseil d'Etat.

En tant que Président du Conseil on voit que le Recteur n'a pas d'attributions ayant un caractère décentralisé.

En tant que Recteur tout ce qu'il fait est effectué

sous l'autorité du Ministre compétent : et là il possède des prérogatives bien autrement importantes, il est le représentant officiel de l'Université et l'agent d'exécution.

Pourquoi cette règle, en apparence paradoxale, qui fait rentrer sous les ordres du Ministre le Chef de l'Université lorsqu'il accomplit des actes paraissant *éminemment universitaires*, et qui devraient figurer dans les attributions propres du Président du Conseil ? La raison en est simple : c'est que justement on n'a pas voulu donner la liberté aux Conseils sur certains points ; c'est que, pour *exécuter*, il importe qu'il y ait une décision *exécutoire* ; enfin, c'est que le Ministre, nous l'avons vu, est le seul juge du caractère exécutoire, et que *le Recteur, agent de l'Etat*, pourrait être responsable, le cas échéant, des fautes ou négligences du *Recteur, président du Conseil*. Ici encore simple délégation.

On a dit que le pouvoir donné au Recteur de nommer aux emplois de chargés de cours et de maîtres de conférences (mais non aux emplois de professeurs titulaires) rétribués sur les fonds d'Universités, était un acte décentralisateur. Nous ne le croyons pas en présence du texte formel de l'article 14 du Décret du 21 juillet ; il est écrit *par délé-*

Delabrousse   7

gation du Ministre. Il ne peut y avoir l'ombre d'un doute, c'est uniquement de la décentralisation.

En ce qui concerne les attributions disciplinaires, le Recteur remplit les rôles de juge d'instruction (lui-même ou par délégués) et de ministère public. On ne peut ici soulever aucune discussion : il agit comme officier de police judiciaire.

Nous ne parlons pas des attributions scientifiques : il est hors de doute que la réforme de 1896 a eu pour objet de donner une grande liberté aux Universités en vue de l'Enseignement scientifique : la loi n'impose que le respect des programmes établis en vue des « grades d'Etat ».

Conseil de l'Université.

Si nous passons aux attributions du Conseil nous voyons le champ s'élargir et la discussion de la nature des actes accomplis par lui présenter une certaine difficulté. Il importe de considérer séparément chacune des diverses catégories de délibérations.

Irᵉ Catégorie. — *A priori* les attributions de cette catégorie rentrent dans le cadre que nous avons assigné à des actes décentralisés : le Gouvernement n'a qu'un droit d'annulation pour excès de pouvoir ou pour violation de la loi.

Mais entrons dans le détail : ·

a) *Administration des biens de l'Université.* — Si nous étions en Amérique cette prérogative pourrait avoir une certaine valeur ; mais, en France, en quoi peuvent consister les biens d'une Université ? Ils proviennent spécialement de legs ou donations dont l'administration est régie, en général, par le testament ou par l'acte de donation. L'Université n'est pas libre, elle est tenue par l'acte constitutif, tout comme le seraient l'Etat ou des particuliers dans des cas analogues. Constatons en outre que les actes d'administration les plus importants ont été réservés et classés dans les attributions de la 2e catégorie.

b) *Exercice des actions en justice.* — Il y a ici évidemment une grande liberté de faire. C'est une dérogation à l'article 1032 du Code de procédure civile ainsi conçu : « Les Communes et les Etablissements « publics seront tenus, pour former une demande en « justice, de se conformer aux lois administratives », c'est-à-dire sont soumises à l'autorisation. Or, ainsi que nous le verrons, les Universités sont devenues des Etablissements publics et par suite devraient être soumises aux règles visées par l'article 1032. A-t-on considéré le droit d'annulation du Ministre comme suffisant ? — Cependant l'autonomie ne nous apparaît pas évidente ; en effet, si l'action est intentée à tort et qu'il en résulte dommage pour l'Université, l'administration supérieure n'aura-t-elle pas à sa disposition une sanction suffisante lorsqu'il s'agira d'arrêter le compte ?

c) d) g). — Il est là question d'attributions d'ordre pédagogique se rapportant aux grades d'Etat. C'est une liberté limitée par les programmes.

e) *Institution d'œuvres dans l'intérêt des étudiants.* — Jusqu'en 1896 ces œuvres étaient abandonnées à l'initiative de l'Etat, des Départements, des Communes ou des particuliers. Le texte étudié donne pouvoir au Conseil de s'en occuper également. Il ne fait que reconnaître à l'ensemble des membres du Conseil un droit qui appartenait individuellement à chacun d'eux. L'Etat ne dit pas pour cela qu'il s'en désintéresse, il n'y a ni déconcentration ni décentralisation.

La disposition visée s'applique-t-elle au cas où une association de cette nature solliciterait la reconnaissance d'utilité publique. Il semble que, dans ce cas, le Décret de reconnaissance ne pourrait être rendu que suivant *décision conforme* du Conseil de l'Université? Ou ne s'agit-il que de la création d'œuvres dans l'intérêt des étudiants rétribués sur fonds d'Université (1). Il peut y avoir doute étant donné la rédaction de l'article. On concevrait d'ailleurs une mesure de cette nature : le Conseil, composé de professeurs résidents, est en effet le meilleur juge pour connaître de l'utilité de créations de ce genre. On éviterait peut-être ainsi la naissance d'associations qui souvent dévient du but initial qui leur a été assigné.

f) *Répartition des dispenses de droits prévues par la loi* (1/10ᵉ des étudiants). — La loi de finances de 1887 a décidé que le dixième des étudiants inscrits dans les établissements d'Enseignement supérieur d'une Académie pourrait être dispensé des droits d'inscriptions proprement dits. La manière dont doit se calculer ce dixième est fixée par des règlements. Ce que la loi de 1896 accorde aux Universités, c'est la faculté de fixer la répartition du chiffre légal entre tous les établissements de son ressort. Il y a bien ici décentralisation, mais la liberté donnée est pour ainsi dire nulle, la réglementation étant très précise : elle

---

(1) Cf. Art. 3, § 12 du Décret du 22 juillet 1897.

ne laisse au Conseil que le soin de faire quelques additions et divisions.

II° Catégorie. — Nous avons vu que, pour les délibérations de cette catégorie, il fallait une approbation ministérielle. C'est donc encore en réalité le Ministre qui reste ici le maître en dernier ressort : le texte ne distinguant pas, l'autorité supérieure a en effet le droit absolu de refuser son approbation ; il n'y a même pas besoin que le refus soit motivé ni que le Ministre prenne l'avis d'aucun Conseil. Notons cependant que, dans la pratique, l'Administration soumet au Comité consultatif une grande partie des délibérations dont il va être question.

a) *Acquisitions, aliénations et échanges de biens de l'Université.* — Ceci nous paraît rentrer dans les attributions visées au § *a*, I° catégorie : Ce sont en effet certaines questions d'administration que le Gouvernement a voulu, en raison de leur importance, soustraire à un régime plus indépendant. En raison des motifs que nous avons exposés, cette mesure n'a pas grande importance à l'heure actuelle.

b) *Baux d'une durée de plus de 18 ans.* — Même indication que ci-dessus. Au dessous de 18 ans le Conseil statue, car c'est là un acte d'administration. Mais le Gouvernement n'a pas voulu laisser les Universités s'engager à la légère pour une durée trop longue.

c) *Emprunts.* — Constatons qu'il faut appliquer aux Universités le droit général. Suivant les cas, il y aura lieu de faire intervenir une loi ou un Décret pour autoriser l'emprunt.

En vue de la satisfaction de quels besoins pourra être fait l'emprunt ? Actuellement les Universités ont des dépenses obligatoires auxquelles elles sont tenues de faire face à l'aide de certaines recettes déterminées. Les dépenses facultatives peuvent être faites particulièrement en vue d'œuvres dans l'intérêt des étudiants, en vue de la création de cours nouveaux, en vue de la construction de bâtiments. Il est à remarquer en effet qu'en ce qui concerne ce dernier objet l'Etat a déclaré ne plus fournir de subsides.

Actuellement les locaux universitaires sont la propriété de l'Etat, des départements ou des villes. Si, en droit, rien ne s'oppose à ce que l'Université soit propriétaire de ses immeubles, il paraîtrait préférable qu'on ne la mît pas dans le cas d'user de la facilité de l'emprunt étant donné le caractère onéreux et permanent, de ce genre de crédit ; il est à noter que l'Université n'a pas, comme l'Etat, les

villes, etc., le moyen de voter des centimes additionnels; elle a, il est vrai, la possibilité de fixer certains droits (voir *infra*), mais tandis que le contri-
buable est obligé de payer l'impôt, l'étudiant peut
parfaitement se dérober ; il ne faut donc pas compter
sur les droits d'études pour amortir un emprunt ;
c'est un engin dangereux donné aux nouvelles institutions.

En réalité, il est plus dangereux pour l'Etat que
pour elles ; en effet, l'Université n'est pas libre, elle
peut demander un emprunt, mais sa délibération
doit être approuvée par le Ministre, qui engage, en
le faisant, sa responsabilité.

d) *Acceptation des dons et legs.* — Il y a là pour le
Conseil un pouvoir limité subordonné à la décision
du Conseil d'Etat. Sur cette question l'Université n'a
aucune autonomie pour accepter ; en effet, la délibération portant acceptation peut parfaitement être in-
firmée par le Décret ; il n'y a pas décentralisation.
En réalité on demande aujourd'hui une délibération
là où, antérieurement à la réforme, on demandait un
avis. Le nom a changé, mais la chose reste la même.

En cas de délibération portant refus d'accepter,
non seulement, en vertu du texte de 1897, le Ministre
a le droit de ne pas donner son approbation, mais

encore on doit, pense-t-on, lui reconnaître le droit
conféré aux Préfets en ce qui concerne les dons et
legs faits aux Communes (art. 112 de la loi munici-
pale de 1884), c'est-à-dire le droit de provoquer une
seconde délibération.

e) *Offres de subventions.* — Il n'y a utilité à faire
délibérer le Conseil que lorsqu'il s'agit de subventions données dans un but déterminé (c'est le cas
général d'ailleurs). Il ne saurait être question en
outre ici des subventions de l'Etat. Il était naturel
de faire discuter ces matières par l'Assemblée com-
pétente pour délibérer sur les cours et les enseignements. En effet, les subventions, municipales ou par-
ticulières, sont presque toujours données en vue de
la création ou du développement de cours ou de
services communs.

Ici encore au lieu d'un simple avis on demande
une délibération, mais le Ministre ayant le droit
d'approuver ou d'infirmer la décision prise, c'est
encore lui qui, en réalité, statue.

f) *Création d'enseignements rétribués sur les fonds
de l'Université*, et :

g) *Institution et réglementations des titres prévus à
l'art. 15* (Décret du 21 juillet 1897 et loi de finances
du 30 mai 1899).

Bien que ces deux paragraphes soient soumis à l'observation présentée d'une façon générale pour les attributions de la 2ᵉ catégorie, on ne peut nier qu'ils constituent la plus large brèche faite à la centralisation par la réforme de 1896.

C'est en effet ici et dans le Décret du 31 juillet que nous trouvons une dérogation au principe que la loi ou un acte gouvernemental peuvent seuls fixer l'impôt. C'est également là qu'a été faite la trouée par laquelle l'Enseignement supérieur libre pénétrera l'Enseignement officiel.

Deux questions ; celle des Titres d'Université et celle des Droits d'Université.

TITRES D'UNIVERSITÉ. — L'existence et la permanence des grades d'Etat n'ont jamais été mises en discussion. Au contraire, partout et toujours le Gouvernement a maintenu son droit absolu à la collation des grades (1). Mais il a cru pouvoir accorder aux Universités le droit de délivrer des titres scientifiques ; il leur a même en quelque sorte imposé l'obligation d'en créer certains. En effet, les nouveaux règlements sur l'exercice de la médecine interdisent

(1) Voir : Chambre des Députés. Débats parlementaires, 1896, page 395 (Discours de M. Poincaré, rapporteur). — Sénat. Débats parlementaires, 1896, page 648 (Discours de M. Bardoux, rapporteur).

aux étrangers de postuler les diplômes d'Etat de docteur en médecine et de pharmacien, s'ils ne remplissent toutes les conditions exigées des étudiants français ; par suite, les Universités doivent créer des titres de docteur en médecine et de pharmacien à l'usage des étrangers.

Mais ici on a réglementé sérieusement ; on a d'abord décidé que les études seraient parallèles à celles exigées en vue des grades d'Etat ; la durée de la scolarité, le nombre et la nature des actes à accomplir sont les mêmes, les droits à percevoir doivent être au moins égaux.

Quant aux autres titres que les Universités peuvent désirer établir, c'est à elles à en élaborer les règlements. Le Ministre approuve ou rejette (après avis de la section permanente du Conseil supérieur). La liberté laissée aux Universités est donc toute relative puisque le Ministre assume la responsabilité de l'acte.

Seulement ces études d'Université devaient aboutir à un certificat les constatant et ayant un nom. Là était l'écueil. A l'Ecole libre des Sciences politiques, aux Facultés catholiques, on avait, avec raison, refusé le droit de délivrer des diplômes de licencié et de docteur. Il a paru qu'en ce qui concerne les Universités il n'y avait pas lieu de prendre les mêmes précautions et on les a autorisées à se servir de ces noms.

Il est bien entendu que le TITRE d'Université n'a qu'une valeur scientifique ; la forme de cette attestation doit différer de celle employée pour le grade d'Etat, et est délivrée et signée par le Recteur ; bien plus, on décide même, suivant avis du Conseil d'Etat, que, pour bien marquer la nuance, l'ancien droit de sceau de 1806, devenu le droit de diplôme, ne sera pas perçu, même au profit de l'Université. C'était indiquer que l'Université elle-même, quoique personne morale, ne pouvait attacher à ses titres aucune prérogative, même dans l'étendue de son ressort.

A première vue donc rien que de très naturel ; en quoi le titre de docteur de l'Université de Besançon (mention sciences) tentera-t-il davantage un étranger que le diplôme de docteur ès-sciences tout court ? Il n'y a évidemment pas de raison sérieuse pour cela. Il n'en est pas moins vrai cependant qu'un étudiant français, pharmacien de 1re classe, préférera postuler le titre de « Docteur de l'Université de Paris (mention pharmacie) » plutôt que celui de « Diplômé supérieur ». C'est la ruine à brève échéance de certains grades d'Etat qui se trouvent dans des conditions spéciales.

Ne sachant pas ce que l'avenir nous réserve, laissons de côté cette question qui n'a d'ailleurs aucun intérêt au point de vue juridique et examinons quel peut être (et quel sera) le résultat ultérieur de la création des titres d'Université.

C'est en qualité de personnes morales, d'associations scientifiques que l'on a reconnu aux Universités le droit de faire des licenciés et des docteurs. Mais que répondra-t-on à un groupe de Facultés libres demandant : 1° le nom d'Université libre ; 2° le droit de délivrer des titres purement scientifiques ? En droit strict, en stricte justice on n'aurait rien à faire qu'à s'incliner. C'est bien ce que pensait Mgr d'Hulst quand il appuyait le projet de 1896 ; et, si l'amendement Buffet n'a pas, grâce à l'énergie de M. Rambaud, été pris en considération, qui dit qu'il en sera toujours de même.

Eh ! dira-t-on, quel mal y aura-t-il au point de vue scientifique ? La concurrence entretiendra une noble émulation. N'est-ce pas le développement de l'Ecole de la rue Saint-Guillaume qui a poussé le Gouvernement à perfectionner l'enseignement du droit et à créer des cours nouveaux dans ses Facultés ? Oui, certes ; mais jusqu'ici l'Etat avait le Monopole des titres, lui seul délivrait des diplômes, ou, dans cer-

tains cas, autorisait certains établissements à les
délivrer (par exemple : Ecole des hautes études
commerciales). Aujourd'hui, au contraire, l'Etat a
créé dans son sein même (car légalement les Universités sont encore à lui) une sorte d'auto-concur-
rence, ou il a, si l'on veut, dédoublé son privilège :
et demain il sera obligé de reconnaître d'autres
adversaires. Tout n'est pas dit en effet parce qu'on
a sagement stipulé que seuls les grades d'Etat
auraient une valeur dans la vie politique et administrative ; demain, sous la poussée de l'opinion, on
sera peut-être forcé d'accorder des assimilations,
des équivalences, et alors les grades d'Etat seront
anéantis en fait. N'oublions pas qu'en Belgique les
titres de l'Université catholique de Louvain ont plus
de prestige que ceux des Universités de l'Etat,
Bruxelles par exemple ; et n'est-il pas vrai qu'en
France le titre de « diplômé de l'Ecole des sciences
politiques » est aujourd'hui plus apprécié que celui
de « licencié en droit ».

Cette mesure, tout en conservant en principe
le privilège de l'Etat, et malgré les droits de surveillance et d'autorisation qu'il s'est réservés, lui a
donc porté un coup sérieux. C'est réellement un
acte de décentralisation.

Tarifs des droits d'études. — Aux termes du Décret du 31 juillet 1897 les *Facultés* fixent souverainement, dans des limites imposées par le Décret, les tarifs des droits de travaux pratiques et de laboratoire en vue de certains grades d'Etat.

Aux termes de l'*article 23* de la loi de finances du 30 mai 1899 les Universités établissent des *projets de tarifs* en vue des « titres d'Université » ; ces projets sont soumis à l'approbation ministérielle.

Enfin, d'après la loi de 1896, le Décret du 31 juillet 1897 et la loi susvisée de 1899, les droits d'immatriculation, d'inscription, de bibliothèque et de travaux pratiques afférents aux grades d'Etat, ces mêmes droits, plus ceux d'examen afférents aux titres d'Universités sont désormais perçus au *profit* de ces dernières.

La genèse des droits universitaires nous montre qu'en 1806 le droit d'immatriculation, sorte de droit de patente fixant le statut personnel de l'étudiant, et le droit de sceau, droit recognitif de la puissance publique, étaient des impôts (1). Comme tels ils

_____

(1) Arrêté du Conseil du 17 février 1809 concernant les droits de sceau de l'Université. Arrêté dudit du 28 février 1809 concernant les gradués des anciennes Universités. — Voir de Beauchamp, *Recueil des Lois et Règlements relatifs à l'Enseignement supérieur*, tome I, pages 211 et 213.

avaient été établis par le Pouvoir Législatif, ou en vertu d'un acte gouvernemental, et ne pouvaient être perçus qu'au profit de l'Etat. Le Décret du 22 août 1854 augmente et décompose les droits ci-dessus visés, mais leur conserve toujours le même caractère légal. Et il en a été ainsi jusqu'à nos jours.

Cette thèse a dû être abandonnée lorsqu'on a donné aux Facultés la maîtrise de leurs droits de travaux pratiques et de laboratoires, et aux Universités le droit de présentation des tarifs en vue des titres scientifiques créés par elles.

On déclare à ce moment (1) que les droits d'immatriculation, d'inscription, de bibliothèque et de travaux pratiques (il faut y ajouter les droits d'examens d'Université) ne sont pas des impôts, mais bien des rétributions scolaires correspondantes à un service rendu ou à un travail effectué, que par suite il est naturel qu'ils soient perçus par les Universités.

Il était assez juste, puisqu'on créait des Budgets d'Université, qu'on les alimentât ainsi. Mais au point

---

(1) Voir 1896. Rapport Poincaré à la Chambre et rapport Bardoux au Sénat.

de vue juridique nous pensons que tous ces droits ne peuvent être indifféremment considérés comme des rétributions scolaires, soit quant à leur *quantum*, soit quant à leur nature.

La maîtrise des tarifs, qui appartenait à l'Etat, a subi une forte atteinte : il est vrai que le Ministre peut refuser son approbation, mais usera-t-il de cette faculté ?

h) *Dispenses des droits perçus par l'Université.* — Par une pensée de justice facile à comprendre, des lois ou des règlements d'administration publique avaient accordé à diverses catégories d'étudiants des dispenses de droits. La loi de 1896 impose aux nouvelles Universités le respect de ces dispenses légales. Mais, puisqu'elles ont le pouvoir d'établir et de percevoir certains droits, il était juste de leur donner la faculté d'en dispenser, en tout ou en partie, les étudiants rentrant dans les conditions fixées par elles. Tel est le but de cette disposition.

III° Catégorie. — Ce sont les avis. Nous avons vu (III° partie) que dans six cas limitativement énumérés le Ministre était *tenu* de prendre l'avis des Universités ; mais *cet avis ne le lie pas.*

Quant aux avis facultatifs, il n'y a aucune observation à faire. Le Gouvernement ayant à s'éclairer sur telle ou telle question il est tout naturel qu'il s'adresse au Conseil compétent.

IV° Catégorie. — Vœux. Rien à remarquer. C'est le droit général. Les vœux politiques ou n'intéressant pas l'Enseignement supérieur sont interdits.

CHAPITRE III

Conclusions.

En résumé, à examiner les choses de près, on constate que l'Université régionale de 1896 n'a ni self-gouvernement, ni souveraineté de décision ; ce n'est donc pas un organe décentralisé.

Nous sommes en présence d'une personne morale collective, composée d'autres personnes morales, les Facultés.

C'est uniquement un service *déconcentré* par suite de la concession de la personnalité civile, service bénéficiant, par suite, d'une certaine autonomie.

Celle-ci n'est et ne peut être que partielle. Seuls sont véritablement autonomes les Etablissements libres. Or, pour soumettre les Universités au régime de la loi du 12 juillet 1875, il faudrait supprimer le caractère *étatique* de l'Enseignement supérieur.

Théoriquement, il n'y a pas d'impossibilité, l'Enseignement supérieur ne rentrant pas dans les fonctions *essentielles* du Pouvoir central.

Pratiquement, la chose n'est pas faisable, le Gouvernement a créé des *grades d'Etat*; il en a assuré la collation; il exige la production de ses diplômes à l'entrée de certaines carrières ou pour l'exercice de certaines professions.

Il ne peut donc abandonner l'Enseignement supérieur à l'initiative privée.

Peut-il l'abandonner à l'initiative locale? Ce serait alors de la décentralisation. Cette décentralisation serait-elle possible? Evidemment oui, mais comment pourrait-elle se concevoir? Elle consisterait uniquement à faire dépendre les Universités — pour les matières à l'égard desquelles elles ne peuvent être autonomes d'une façon absolue — des *collectivités régionales*, par exemple, dans l'espèce, des syndicats des départements compris dans le ressort académique. Il en résulterait la diversité dans l'Enseignement supérieur et l'émulation entre les Universités dont les titres n'auraient pas la même valeur.

Mais pour que cette réforme fût possible, il faudrait également la disparition des *grades d'Etat*: les *titres universitaires* seraient (ce que les premiers n'auraient jamais dû cesser d'être) des constatations d'études.

Peut-être est-il préférable d'ailleurs, au point de vue de la force d'un peuple et de son génie, de ne pas aller trop loin en matière de décentralisation universitaire. Il nous semble que l'on doit s'en tenir, quant à présent, à la formule qui paraît avoir jusqu'ici été adoptée : *déconcentration administrative, décentralisation scientifique*. Il ne faut pas oublier cette parole d'un maître : « Si on doit limiter l'auto« rité du Gouvernement, on doit lui laisser tous les « moyens d'action dont il a besoin pour donner sa« tisfaction aux intérêts généraux du pays ; et que, « s'il est juste et utile que les pouvoirs locaux ou « spéciaux aient une certaine indépendance, il est « essentiel de prendre des précautions contre leurs « entraînements et leurs écarts. C'est la leçon de « l'histoire. » (1)

---

(1) Aucoc. — « Controverses sur la décentralisation administrative », in *Compte-rendu de l'Académie des Sciences morales et politiques*, 1895, tome 144, page 309.

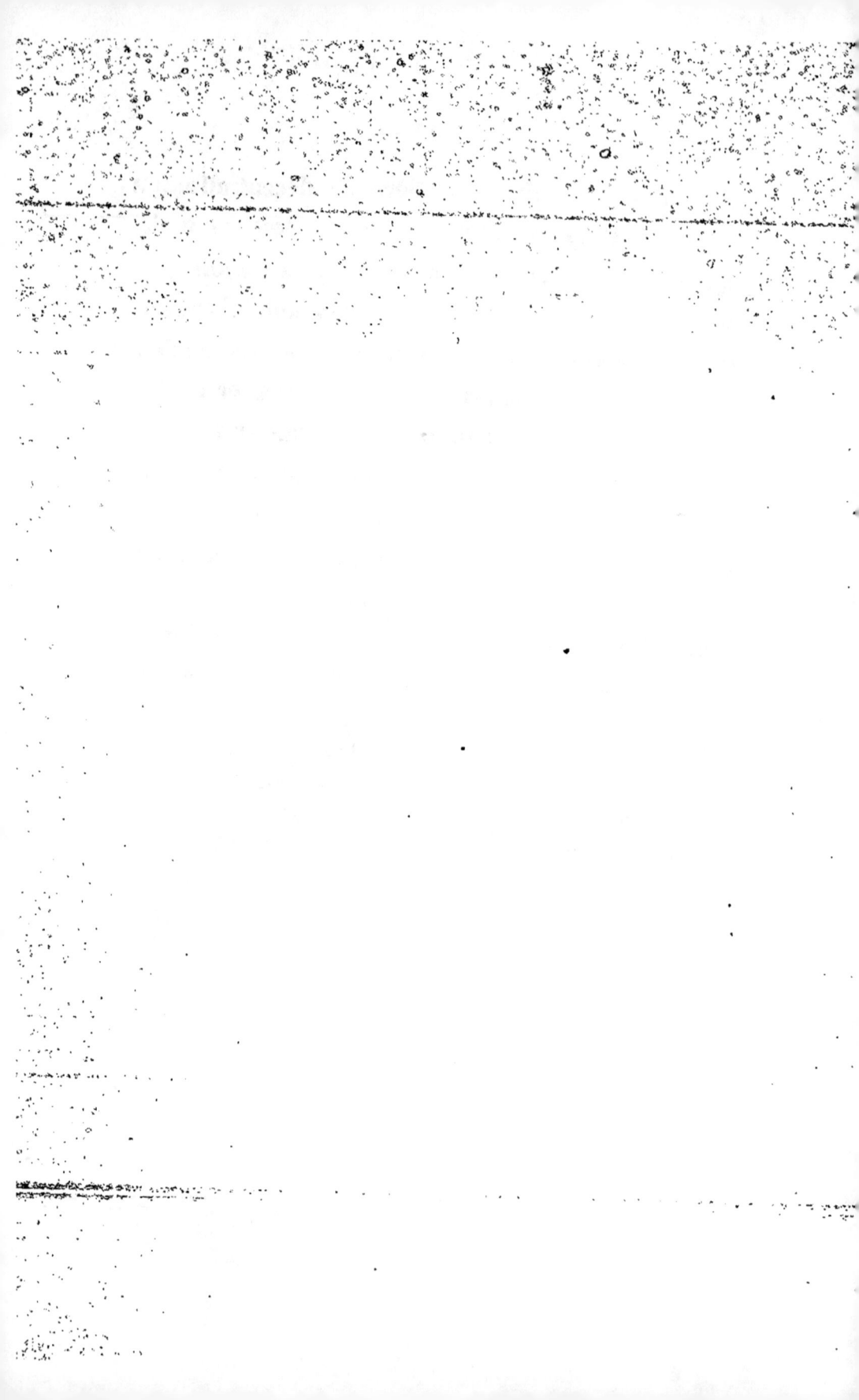

ANNEXE I

INDEX CHRONOLOGIQUE

ANNEXE II

BIBLIOGRAPHIE

Aucoc. — Les controverses sur la décentralisation administrative. — In Compte rendu de l'Académie des Sciences morales et politiques. Tome CXLIV, 1895.

Avenel (vicomte G. d'). — La Réforme administrative, 1891.

Beauchamp (de — et Générés). — Recueil des lois et règlements relatifs à l'Enseignement supérieur.

Berthélémy. — Traité élémentaire de Droit administratif.

Bonet-Maury. — L'Université de Chicago, in Revue internationale de l'Enseignement, n° 4, 1899.

Bloch (Maurice). — Dictionnaire de politique.

Bréal. — Excursions pédagogiques.

Compayré. — Les Universités des Etats-Unis, in Revue internationale de l'Enseignement, n° 12, 1893.

Deschanel (Paul). — La décentralisation, 1895.

Ducrocq. — Cours de Droit administratif.

Dumont (Albert). — Notes et Discours.

Dupont-White. — L'Individu et l'Etat.

Fustel de Coulanges. — Histoire des institutions politiques de l'ancienne France.

Gobron. — Le droit de grâce sous la Constitution de 1875.

Gobron. — Législation de l'Enseignement.

Gosselet. — L'Enseignement des Sciences appliquées dans les Universités, in Revue internationale de l'Enseignement, n° 2, 1899.

GUIZOT. — Histoire de la Civilisation en France.

HAURIOU. — Précis de droit administratif.

HAURIOU. — L'article « Décentralisation » in Becquet : Répertoire de Droit administratif, tome IX.

LAURENT (Docteur). — Les Universités des Etats-Unis et du Canada. Bruxelles, 1894.

LAVISSE. — Note sur l'Université allemande de Strasbourg.

LAVISSE. — La fondation de l'Université de Berlin.

LAVISSE. — Universités allemandes et Universités françaises. — In Questions d'Enseignement national, 1885.

LEROY-BEAULIEU (Paul). — L'administration locale en France et en Angleterre, 1869.

W. LEXIS. — Die Deutschen Universitäten. Berlin, 1893.

L. LIARD. — Universités et Facultés.

L. LIARD. — L'Enseignement supérieur en France.

ODILON-BARROT. — De la Centralisation et de ses effets.

RASHDALL (Hastings). — The Universities of Europe in the middle Ages, 1895.

SIMONET. — Droit public et administratif.

TAINE. — Le régime moderne.

TOCQUEVILLE (de). — L'ancien régime et la Révolution.

TOCQUEVILLE (de). — De la démocratie en Amérique.

VIVIEN — Etudes administratives.

Débats parlementaires. Sénat   1892.
 — —   — 1893.
 — —   — 1896.
 — — Chambre 1893.
 — —   — 1894.
 — —   — 1895.
 — —   — 1896.

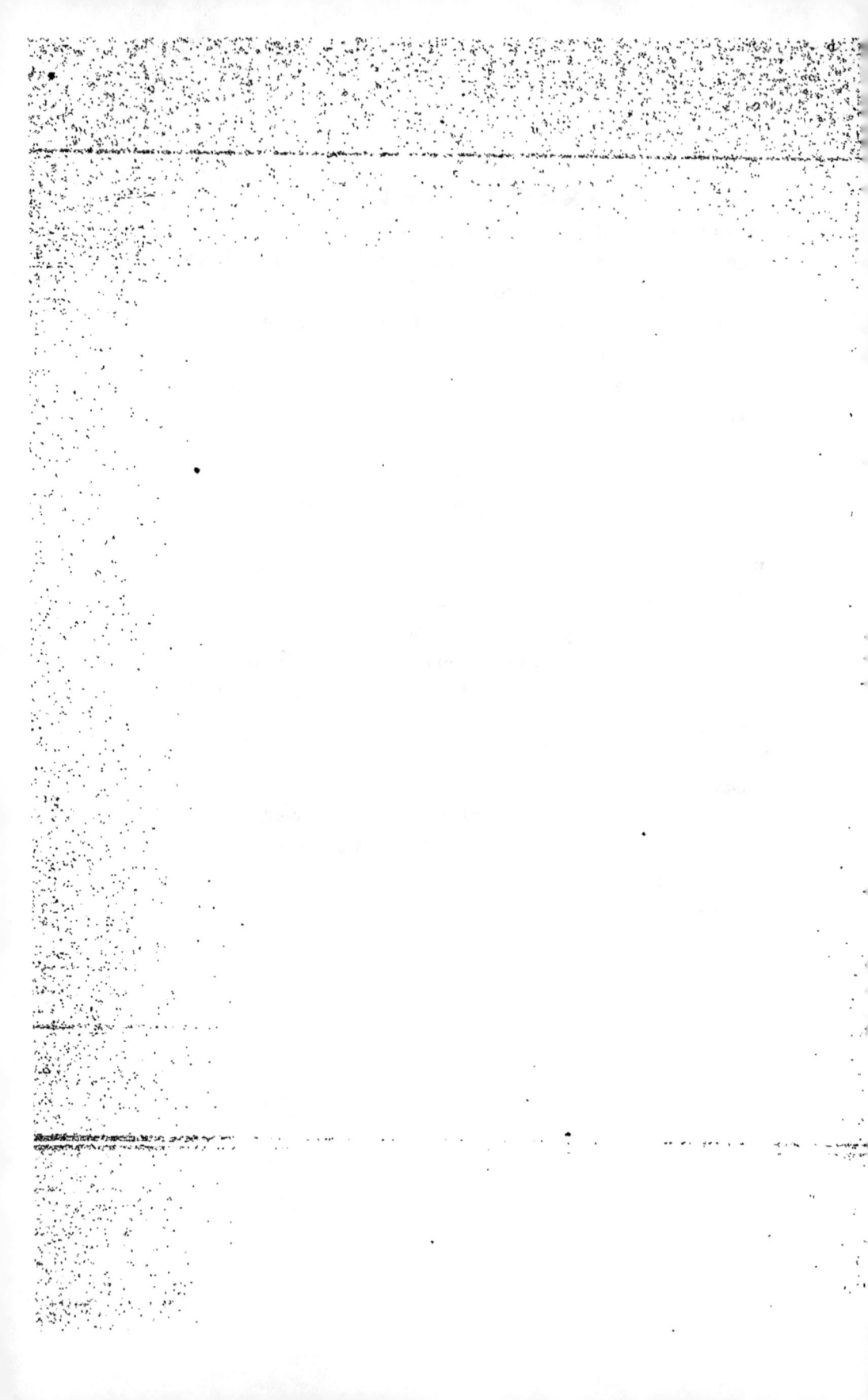

TABLE DES MATIÈRES

TROISIÈME PARTIE

La Constitution des Universités.

QUATRIÈME PARTIE

Nature juridique des Universités.

SAINT-AMAND, CHER. — IMPRIMERIE BUSSIÈRE

ERRATA

Page 39, ligne 19 — Au lieu de « 1662 », lire « 1862 ».

Page 51, ligne 10 — Après « Nationales », mettre « ; au lieu de, ».

Page 83, ligne 3 — Au lieu de « délibération2 », lire « délibérations ».

Page 98, ligne 2 — Au lieu de « décentralisation », lire « déconcentration »

Page 101, ligne 3 — Au lieu de « retribués », lire « retribuées ».

Page 123 — Au lieu de « Vivie.n. », lire « Vivien. ».